区域经济学博士文库

区域智力资本对经济发展的影响研究

——基于甘肃省的实证分析

QUYU ZHILI ZIBEN DUI
JINGJI FAZHAN DE
QYINGXIANG YANJIU

王晓鸿◎著

人民出版社

前　　言

信息革命的出现,大大加速了知识经济的发展和经济全球化的进程,信息化给我们的经济生活以及整个社会带来了全新的面貌。正如工业革命曾经对人类社会的猛烈冲击一样,信息革命也使变革渗透到社会的各个领域。21世纪的主流经济形态是知识经济,是继农业经济与工业经济之后一个新的经济发展阶段,具有不同于以往的关键生产要素即知识。知识要素在推动国家经济增长与企业价值创造中的作用日渐突出,所谓无形的"第三资源"或智力资本在实现企业价值最大化目标,建立持久的竞争优势等方面的价值日益显著。沃尔玛、微软和丰田成为大公司,是因为它们拥有比实物和资金资产更有价值的东西,它们拥有的是智力资本。

在这个新时代,财富是知识的产品。知识和信息成为经济里第一位的原材料和最重要的产品。智力资本是经济发展过程中最活跃、最有生命力、最有创造力的生产要素,所以在《区域智力资本对经济发展的影响研究》这本书中,我们始终围绕着"区域经济发展的载体——区域智力资本,在创造价值中的重要作用"这一主线,通过分析区域智力资本与区域经济发展的关系,通过研究区域智力资本价值实现的过程和影响因素,通过对区域智力资本评价指标体系的构建和测评,通过具体案例分析区域智力资本与经济发展的相关性,为读者提供一个简单的"智力资本导航图",以适应在知识经济时代,区域经济发展理论指导的新需要。

目　录

1

导　　论

　　人类进入 21 世纪,在经济全球化和知识经济的宏观背景下,物质资本向智力资本演进,劳动力和智力资源的资本化已经成为知识经济时代资本变动的重要趋势之一。自 20 世纪 80 年代以来,随着科学技术的迅猛发展,世界经济全球化、信息化浪潮拍岸而来,知识、智力与经济发展之间的相互渗透和影响越来越强劲,使得全球经济呈现出崭新的面貌:一方面知识、智力因素更高程度地融入经济活动,智力资本以创新为载体对经济的发展起着重要的推动作用;另一方面,在以提高竞争力为目的的经济活动中,知识、智力取向不断增强,产品与服务的智力资本含量不断提高。1996 年联合国人力资源开发报告指出:依据 100 多个国家的调查表明,财富资源(指资金、有形资本)占这些国家总资源的 12%,自然资源(指土地、矿山、水资源等)占 24%,人力资源与社会资源占64%。[①] 可见,经济发展要素中占多数的就是人才、技术、管理、无形资产与各种软件组成的智力资本。2005 年世界银行发表过一个报告,公布了 2000 年 118 个国家人均财富的组成和比较,中国人均财富在这个排行榜当中倒数第 27 名。中国 0.9 万美元人均

---

①　王静:《教育产业与人力资本的现代理论分析》,《前沿》2006 年第 6 期。

财富的组成中,自然资源占24%,人造财富占31%,无形资产占45%;美国人均财富51万美元,自然财富只占3%,人造财富占15%,无形资产占82%;德国人均财富49万美元,自然财富仅占1%,人造财富占14%,无形资产占85%。[①] 通过这些数字,可以看出发达国家的财富组成中无形资产的比例很高。当今,世界经济发展比以往任何时候都更加依赖于知识、智力等无形资产的生产、扩散和应用。知识经济的到来使智力和知识成为经济增长的动力和创造财富的资本,人类社会赖以存在和发展的资源基础,正在从物质资产和金融资产逐渐转向无形资产和非金融资产,智力资本逐渐成为社会经济发展的重要资源,成为国家、地区和企业经济发展的重要推动力,经济发展的价值增长越来越多地来自智力资本的贡献。21世纪的国际竞争与其说是经济竞赛,不如说是知识竞赛,经济投资与其说是物质投资不如说是知识投资,经济增长与其说是要素驱动不如说是知识驱动,国际差距与其说是经济差距不如说是知识差距。我国作为世界上人口最多、人均自然资源相对不足、经济基础比较落后的发展中国家,重视智力资本与区域经济可持续发展关系的研究具有特别而重大的现实意义。

第一节　研究背景和选题意义

一、研究背景

（一）知识经济时代到来的时机

经济全球化和知识经济是当今世界发展变化的深刻背景和根

---

① 张治理:《新财富观与知识资产》,《经济管理》2006年第11期。

本趋势,经济全球化意味着全球范围内的重新分工和资源配置,知识经济意味着知识作为内生因素的新经济运作方式。全球化促进人才、信息、资金、商品和劳务等生产要素快速跨越国界,进行全球优化资源配置可以降低成本,提高效率,促进经济可持续发展。虽然全球化可以创造新的市场和财富商机,但也增加了竞争压力和风险,国际舞台上是以竞争力的强弱来扩展经济的版图,经济实力和创新能力成为国家竞争力的关键所在,而知识决定了竞争力,所以各国把发展知识经济作为提升综合国力的重要标志。

在知识经济时代,产品的价值主要来源于知识、智力,而不是土地、劳动和传统意义上的资本。世界银行在 1995 年的《世界发展报告》中指出:东亚一些国家(包括中国)在过去十几年中经济增长速度及经济结构转变速度居全球之冠,其中一个重要原因就是所有这些东亚国家都进行了大量的物质资本与人力资本的投资,特别是在开发整个人口的人力资本上。① 正是在这样的意义上,人力资源资本化,知识变成了经济。当知识经济以知识取代土地、劳动和产业资本成为价值的主要来源时,也就意味着知识与智力创造价值的时代到来了。随着知识与智力成为产品价值的主要来源,企业和国家的竞争力就需要重新定义了。在知识经济时代,判断一家企业竞争力是高还是低,是否有价值,主要不是依据企业拥有多少机器设备与现金流量,而是要依据企业拥有多少技术和信息流量等无形资产,特别是拥有多少掌握了这些知识的人力资本。同样,判断一个国家国际竞争力高低的主要因素,是人口的教育水准、拥有的知识存量以及创新的知识流量。世界银行专家通

---

① 贾洪芳:《浅析人力资源在经济发展中的地位和作用》,《辽宁科技学院学报》2002 年第 1 期。

过对全球 192 个国家的资本存量进行计算,提出了国民财富构成的新标准:人力资本、土地(自然)资本和货币资本三者的比例为64∶20∶16,人力资本占据三分之二,是国民财富中最大的财富。① 人力资本居于三类资本的首要地位,不仅仅由于人力资本在数量上占绝对优势,也是因为在所有资本要素中,人力资本是唯一能够支配和运营所有其他资源和资本要素,并决定其运营效益的能动性资本。同时,有研究证明,社会支付的成本对于体能、技能和智能的获得比值是 1∶3∶9,而三种能力对社会贡献之比为1∶10∶100。② 正因为如此,在世界范围内,特别是在以美国为代表的发达国家,资本运营的重心已经或正在实现由传统货币资本向现代智力资本的根本转变,智力资本已成为支配并决定其他资源和资本要素运作效益的第一资本。

(二)价值创造来源的转移

不同的经济时代,经济增长的动力机制和增长的方式不尽相同,在区域经济发展中,发展方式及主导产业是与经济增长的方式相联系的。在农业经济时代,人们以土地、自然资源和劳动力所从事的农田耕种来创造财富,物质资源,特别是土地资源和人力资源是社会经济发展的决定性因素;在工业经济时代,以技术、机器设备、资本和劳动力作为创造财富的工具,科学技术的重要性增大,逐步超越物质资源和人力资源,成为劳动生产力提高的重要因素;在知识经济时代,以知识、智力等无形资本为创造财富的来源,经济增长的方式和动力发生了重大变化,经济增长日益建立在知识基础之上,经济结构以高新技术产业为主导,资源配置从以有形资

---

① 张文贤:《人力资本三部曲:定位·定价·定性》,《会计之友》(上旬刊)2007 年第 10 期。

② 王国平:《城市论—以杭州为例》,人民出版社 2009 年版。

产为主逐渐转向以无形资产为主,经济发展突出了整合智力资源的能力。在农业经济和工业经济时代的发展过程中,同样也伴随着知识的产生和应用,但在知识经济时代,是以知识运营为经济增长方式、知识产业成为龙头产业、知识经济成为新的经济形态和经济增长方式,对知识的运用更具有创造性,而且更直接、更主动、更普遍。知识在现代社会价值的创造中,其功效已远远高于人、财、物这些传统的生产要素,成为所有创造价值要素中最基本的要素。知识经济的提法可以说正是针对知识在现代社会价值创造中的基础性作用而言的,经济时代的划分重要的不是生产什么而是用什么生产,知识对现代经济增长的基础性作用,准确地反映了知识经济的现实。根据全球顶尖的知识产权评估与金融服务机构 Ocean Tomo 公司对美国标准普尔 500 指数样本股的公司价值的研究结果,1975 年标普 500 上市公司 83% 的公司价值反映为有形资产,只有 17% 是无形资产。2010 年,这一比例发生了根本性的变化,标普 500 上市公司 80% 的公司价值反映为无形资产,而有形资产的比例降为 20%。说明在过去 35 年的美国经济发展历程中,无形资产在企业发展中所起的作用与日俱增,并逐步被市场认为是公司价值的重大组成部分。① 所以,依据价值创造来源的转移表明,知识经济时代是继自然经济、工业经济之后在人类财富创造形式上的崭新时代。

(三)中国当前处于新的经济社会转型时期

21 世纪的中国正处于经济和社会转型的特殊时期,市场经济的发展,知识经济时代的到来,给整个社会的生产方式、生活方式和思维方式带来了深刻的影响。知识革命使中国比历史上任何一

---

① 指数研究课题组:《中国智能资产指数研究报告(第一期)》2011 年。

个时期都有条件和机会加速经济转型和社会转型,中国能否成功地从计划体制的工农业经济转型为知识经济,关系到中国能否顺利实现未来发展战略目标。中国进入加速转型期是由经济社会发展的阶段和发展的规律决定的,在工业现代化没有全部完成的时候,中国开始了向知识现代化迈进的过程,由此,经济结构和社会结构的变化将进一步加剧,这是中国现代化进程的跨越式演进。改革开放以来,我国虽然在发展条件、发展环境和发展势头等方面进一步趋好,但我们也必须清醒地看到经济社会发展中存在的突出矛盾和问题:经济增长由粗放型向集约型转变还没有整体性突破,经济发展的质量和效益还没有实质性提高。从经济层面来看,中国经济的快速增长,一直在相当程度上是依靠资金、劳动力和自然资源等生产要素的粗放投入实现的。我国经济发展中的矛盾和问题,有外部环境和内在条件发生变化的原因,但深层原因主要是传统发展方式积累的结构性矛盾不断加剧。这不仅表现在需求结构上,内需与外需不平衡,投资与消费不协调,资源和要素过度向投资倾斜,消费对经济增长的贡献率偏低;而且表现在供给结构上,低附加值产业比重过大,过度依靠低成本优势,自主创新能力不强,科技进步和创新对经济增长的贡献率偏低。这一切对加快经济转型提出了更加紧迫的要求,我国经济增长必须摆脱对资源和要素高强度投入的依赖,更多地依靠科技进步和全要素生产率的提高。从这个意义上看,就要依靠新的技术革命和产业革命,通过知识经济转变经济发展方式,通过智力资本的价值实现,解决可持续、可协调的发展问题。因而,推进资本改革是加快经济转型的根本途径,也是解决深层次矛盾和问题的关键,加快经济体制改革,就可以增强经济发展的活力和动力,推动经济转型取得新进展。

二、研究意义

（一）对于完善智力资本理论、丰富和发展区域经济学理论研究的意义。

改革开放以来，我国经济高速发展，综合国力迅速提高，在国际化趋势下，我国正逐步融入经济全球化的大潮中。经济社会发展的变化无不得益于理论先导的重要作用，经济改革和发展的实践证明，经济理论的每一次革新，都带来了经济改革实践的突破性进展，没有正确的改革开放理论作指导，我国经济就不可能有今天成功的改革实践。当前，我国正处于新的经济社会转型时期，从经济发展模式转换来看，需要通过创新经济增长模式来启动需求，拓展市场空间，通过创造新的价值来源，提升创新能力，促进经济社会协调、可持续发展。在这样一个经济转型背景下，研究我国区域经济发展问题必须有新的视角。改革开放以来，我国的区域经济学积极参与经济建设和改革实践，在回答并逐步解决现实提出的一系列问题的同时，提出了许多有价值的理论和方法，有效地指导区域经济发展的实践。但是我国区域经济学是在较短的时间内发展起来的，在有些方面还有待进一步发展和完善，比如在开拓创新性研究，应用性、实用性研究和定量定性研究等方面。经过反思，相关研究者正在尝试一些新的研究领域，更加深入细致地对区域经济增长与发展的驱动因素进行分析，更加注重区域经济学与相关学科的关系研究，推动区域经济学向着更加完善的方向发展。分析智力资本在区域经济发展中的影响作用，研究区域经济发展的智力因素动因，对于完善智力资本理论、丰富和发展区域经济学理论研究具有重要的理论意义。

智力资本理论的发展经历了认识和理解智力资本、理清智力资本的基本概念和研究范畴以及运用智力资本的理论成果进行规范研究和实证研究两阶段。智力资本渗透于经济、管理、技术和社会发展等多个研究领域，具有多学科性质，这样就使智力资本的理论研究和实践检验越来越多地与其他理论相结合，并面临各种各样的挑战。尽管有些学者从自组织理论、知识产权理论、资本市场理论、企业管理理论和宏观经济理论等视角对智力资本进行研究，但是仍存在学术研究的分隔问题。这个新兴的领域需要有不同学科背景的研究者参与，促使跨学科和跨领域的知识交流。① 智力资本理论毫无疑问地来源于具体的实践活动，自 20 世纪 80 年代以来，智力资本研究的新观点和创新几乎都是由一些从事高新技术行业的小公司完成的。它们自身主要是依靠智力资本起步和发展，所以有积极性进行智力资本管理。例如瑞典保险公司（Swedish Insurance Company）、道氏化学公司（Dow Chemical Company）等。它们发布智力资本报告，期望通过明确公司价值的构成要素，更好地开发和管理这些构成企业智力资本的资源。通过这些公司的经验，智力资本管理领域已经演化为两个独特的研究重心，即价值创造和价值实现。价值创造涉及的是生成新的知识和将知识转化为商业价值的创新。在价值创造领域，人力资本是最具挖掘潜力和最有价值的资本。价值创造的活动包括培训、教育、知识、创新、构造组织结构，开发组织和个人客户关系以及形成价值观和文化等。价值实现包括将创造的价值转化为一种对组织有益的形式，例如利润、战略定位等。② 一般来看，实现价值要通过建立评估机制、决策流程、数据库、遴选机制、转换机制以及资产管

---

① 万希:《智力资本理论研究综述》,《经济学动态》2005 年第 5 期。
② 万希:《智力资本理论研究综述》,《经济学动态》2005 年第 5 期。

理系统等方面来实现。这些研究成果对企业智力资本理论的发展和完善提供了有力的依据。虽然智力资本理论研究在企业智力资本理论方面产生了一些卓有成效的研究成果,然而,在区域智力资本理论方面,目前尚缺少提升区域智力资本价值的理论和方法体系。建立系统的区域智力资本价值理论和方法体系,对于丰富和发展区域经济理论体系具有重大的理论意义。为了进一步完善智力资本理论和实践,需要在多层次、多领域对智力资本进行更深入的理论探讨和实际验证,用智力资本理论分析各种特殊背景,通过大样本、交叉研究项目和丰富的多维度的案例研究进行实证分析。本研究以中国西部地区的甘肃省为样本,运用智力资本理论和方法进行实证分析和研究,以期将智力资本理论和区域经济发展理论相结合,体现在知识经济条件下促进区域经济可持续发展的理论意义。

(二)对于提升区域价值和区域竞争优势的实践意义。

智力资本是智力资源资本化的结果,是知识经济时代的核心竞争力。长期以来中国在经济社会发展过程中过分强调货币资本的作用,忽视智力资本对区域经济的价值和贡献,造成一些地区竞争力不足。智力资本作为区域的稀缺资源,是获得竞争优势的关键。为了获得竞争优势和提高区域价值,需要通过研究,使地方政府掌握创造和管理智力资本的方法与策略。发达国家社会经济和企业管理的实践表明,智力资本对区域经济和企业的贡献越来越大,企业市场价值与企业财务账面价值存在差异的"隐藏价值"就是智力资本作用的结果。地区和企业为实现经济发展效益最大化,有必要掌握和了解智力资本价值形成的机理,掌握利用智力资本获取价值的方法,掌握区域智力资本价值创造的动力,了解区域智力资本价值评价技术,掌握提升区域智力资本价值的知识管理策略,以达到有效获取和创造智力资本价值,最终提升区域价值的目的。

对于刚刚起步和正在发展的研究领域,似乎进行更多的实证研究是很有必要的。我国幅员辽阔,自然资源、人文历史、基础条件等方面存在差异,各地经济与社会发展往往呈现不同的特点。各地都在讲发展,但在资源、环境等硬约束越来越突出的背景下,各个经济区域之间在竞争与合作中发挥最大潜力、找准自己的优势和产业分工,是"又好又快"发展的关键。改革开放以来,我国沿海地区的区位优势得到了充分发挥,特别是加入 WTO 以后,东部地区经济越来越深地卷入了"国际大循环",而与中西部地区经济发展差距也在拉大。新一轮西部大开发,摆在西部面前的是难得的机遇,但也有不少的难题。在发展水平上,西部与东部相比,差距还在扩大;在成果共享上,西部的民生指标,远远落后于东部;在发展路径上,环境与发展的现实困境仍然存在;在发展机制上,西部如何摆脱"外部依赖",打造自己的内生机制,依然是严峻的考验。不同的自然条件,不同的发展阶段,要求西部不断求索,不断创新。西部地区的战略资源十分丰富、市场潜力巨大,是我国构建现代产业体系的重要战略基地。但是,如果只是将西部作为一个能源资源的供应基地,不但无法实现既定的发展目标,而且在一定程度上还会削弱西部地区自身的发展能力。对此,西部地区要创新发展模式,走出发展新路,至少可少走弯路。重视区域智力资本,开发区域智力资源,挖掘智力资本价值是创新发展模式的路径之一。其实,西部创新发展模式也是整个中国创新发展模式的内在要求,西部地区的发展水平将决定我国现代化的进程,把西部地区打造成为中国经济版图上具有全局意义和战略意义的新的引擎是中国经济社会发展的客观要求。

甘肃省国土面积广阔,生态地位重要,但自然条件严酷,生态环境脆弱;地处交通要冲,区位优势明显,但基础设施薄弱,瓶颈制约严重;资源相对富集,工业基础较好,但产业竞争力不强,自我发展能力不足;人力资源丰富,技术力量较强,但社会事业落后,贫困问题突出;历史文化厚重,发展潜力巨大,但体制机制不活,开放程度较低。从经济实力看,甘肃经济总量小,人均水平低,产业结构单一;从外部形象看,甘肃地处偏远,贫困面大,干旱缺水;从内在动力看,甘肃开放不够,投资不足,生态脆弱,科技乏力,机制不活。甘肃作为我国西部地区的欠发达省份,区域经济综合竞争力还比较薄弱。中国社科院发布的 2012 年《中国省域竞争力蓝皮书》,对全国 31 个省市区的经济综合竞争力进行全面评价,甘肃排在第 30 位,说明甘肃与发达地区及全国平均发展水平差距还很大。就当前来说,甘肃省最大的矛盾是发展不足,最大的机遇是政策叠加,最大的希望是开放开发。2010 年 5 月《国务院办公厅关于进一步支持甘肃经济社会发展的若干意见》指出"支持甘肃经济社会发展事关实施西部大开发战略全局,是构建西北地区生态屏障、促进可持续发展的客观需要;是维护大局稳定、保障国家安全的战略举措;是缩小区域发展差距、实现全面建设小康社会目标的必然要求。"2011 年 1 月 13 日在甘肃省第十一届人民代表大会第四次会议上发布的《2011 年甘肃省人民政府工作报告》明确指出"从发展阶段看,目前我省人均生产总值已突破 2000 美元,城镇化率达到 35.1%,意味着经济社会发展进入了一个加速发展的关键阶段。"从面临的发展机遇和宏观走势看,未来几年是甘肃省加快发展的重要机遇期,尤其是新一轮西部大开发、中央扶贫开发、产业向西部转移、国家为甘肃量身定做的循环经济示范区、国办 29 号文件、关中—天水经济区等一系列政策机遇,为甘肃省跨越式发展提供了良好的政策环境。从甘肃省的现实基础、自身条件和发展潜力看,经过"十一五"的发展,综合实力明显提升,基础设施日臻完善,新兴产业快速发展,区位、资源、科技等比较优势进一步显现,为加快发展提供了重要支撑和保障。《甘肃省国民经济和社会发展第十二个五年规划纲要(草案)》强调,要继续实施科教兴省战略和人才强省战略,依靠科技进步和提高劳动者素质,提升引进消化吸收和自主创新能力,加强人力资源开发和人才队伍建设,为跨越式发展提供智力保障和技术支撑,明确把研发投入作为约束性指标,并提出实施 10 大科技专项,重视自然资源、文化资源、劳动力资源和区位优势资源的新利用,形成智力资源开发与经济社会发展良性互促的机制。甘肃省的欠发达是因为欠开发,欠开发是因为没有充分地、集约地、创新地利用资源。区域智力资源因其独特性、价值增值性和延展性,不仅能够成为区域经济发展的内容资源,还有利于区域经济差异化竞争的实现。

第二节　国内外相关研究述评

一、国外智力资本研究综述

(一)智力资本的内涵

由于存在企业市场价值与账面价值的差距持续扩大的现象,使得企业对于智力资本的重视日渐提升,而学术界对于智力资本的研究于近几年才热烈起来,一些相关的探讨与研究都值得我们详加了解。由于新经济的开始,有越来越多的学者与研究者投入智力资本的领域,不过因为智力资本领域涵盖之广,各家学派开始纷纷提出自己的建议,直至今日,智力资本的定义还尚未有一个共识,各家学派的说法也未有一致。

早在 1836 年,西尼尔(Senior)就将智力资本作为人力资本的同义词使用,认为智力资本是个人拥有的知识和技能。国内外普遍认为最早提出智力资本概念的是美国经济学家加尔布雷思(John Kenneth Calbraith)。他于 1969 年首次提到智力资本概念,指出智力资本在本质上不仅仅是一种静态的无形资产,而且是一种思想形态的过程,是一种达到目的的方法。他利用智力资本的概念尝试去解释企业市场价值与账面价值的差距持续扩大的现象,指出智力资本是运用脑力的行为。遗憾的是,他没有给出智力资本完整的定义。给智力资本最早下定义的是美国学者托马斯·斯图尔特(Thomas.A.Stewart),他认为智力资本是"公司中所有成员所知晓的能为企业在市场上获得竞争优势的事物之和"。

胡德森(William J Hudson)(1993)认为个人层面的智力资本是四项因素的组合,包括遗传的特质、学历、经验以及对生活和工作的态度。

在智力资本方面的世界顶尖级人物胡伯特·圣翁奇(Hubert St.Onge)(1996),运用知识资产架构从事企业规划的策略整合,在加拿大帝国商业银行(Canadian Imperial Bank of Commerce)工作期间运用智力资本的架构改变公司文化,并建立公司策略导向的观念、承诺及人员能力。Hubert 认为智力资本为人力资本、顾客资本和结构资本三种资本的整合与交互作用,通过有效运用显性及隐性知识产生价值创造,增加组织市场竞争力。人力资本(Human Capital)指员工个人的心态,包括对事情的假设、倾向、价值与信念等。结构资本(Structural Capital)是组织成员心态的集合,形成组织文化,包括规范、价值、策略、结构、系统与文化等。顾客资本（Customer Capital）是个人与顾客心态的集合，经由提供产品或服务形成价值的认知。他提出顾客资本的概念，后来加拿大帝国商业银行将客户资本纳入资本分类中，并进行资本价值管理。

安妮·布鲁金（Annie Brooking）（1996）将企业组织的智力资本分成四大类：市场资产（Market Assets），人力中心资产（Muman-centered Assets），知识产权资产（Intellectual Property Assets）与基础设施资产（Infrastructure Assets）。

加拿大学者尼克·邦提斯（Nick Bontis）（1996）认为智力资本是企业市场价值与账面价值的差额。邦提斯指出目前智力资本方面的研究大多数是在英语国家进行，对非英语国家的智力资本状况严重缺乏了解。

埃德文森（Edvinsson）与马龙（Malone）（1997）研究发现公司资产负债表和投资者评价之间的差距越来越大，而这个差距就是所谓的智力资本。认为凡是能被转化为有价值的信息就称之为智力资本。他们认为智力资本是财务报告的补充，代表市场价值和账面价值间隐藏的那部分差距，智力资本的核心就是让公司表现出本身真正的价值，并借由公司对知识、实际经验、组织技术、顾客关系、创新能力、专业技能的培养与掌握，维持公司在市场上成长的原动力，并使公司能保持竞争优势。他们认为智力资本是组织对知识、经验、组织能力、顾客关系、创新能力及专业技能的掌握，从而在市场上享有竞争优势。提出传统会计制度下的问题与矛盾：一是静态的历史记录和动态的未来潜力；二是市场价值与账面价值严重脱节。

世界经合组织（OEDC）（1993）认为智力资本是组织（结构）资本与人力资本的经济价值，并认为智力资本是无形资产的一部分。

1999 年,杜邦、道氏化学和惠普等三十多家著名公司,在美国成立了智力资本管理大会。著名智力资本学者帕特里克·沙利文(Sullivan)在《价值驱动的智力资本》一书中,总结了 1999 年智力资本管理大会的成果,把智力资本定义为"可以转化为利润的知识",认为组成智力资本的主要因素是人和外在的既有知识体系,外在的既有知识体系称为公司的智力资产。智力资产受法律保护,表现形式是专利、版权、商标和商业秘密,受法律保护的智力资产用法律术语表示就是知识产权。①

列夫·埃德文森(Leif Edvinson)与帕特里克·沙利文(Patrick.H.Sullivin)(1997)提出企业的知识资本由人力资源和结构性资本构成。他们认为,前者包括所有与个人有关的因素,如个人的能力、诀窍和技能;后者则既包括企业的无形因素,也包括企业的有形因素。无形因素指企业目标、战略计划、经营流程、企业文化等,有形因素则指企业设施、财务资产以及企业资产负值表中有价值的一切项目。传统的会计方式,只对现金、应收账目等财务资产,以及土地、厂房等实质资产有计量,完全无法反映一家企业的真正资产。

林恩(Lynn)(1998)认为智力资本是将组织内部的知识,经由系统化处理,转变为可创造企业价值的知识。

全球知名人力资源管理咨询专家,密歇根州立大学商学院教授戴维·尤里奇(Dave Ulrich)(1998)认为智力资本是以员工为核心,是由员工所拥有的能力与员工对组织的认同感(或承诺)所构成的,即:智力资本=能力×认同感。

---

① ［美］帕特里克·沙利文:《价值驱动的智力资本》,赵亮译,华夏出版社 2002 年版。

纳哈帕(Nahapie)和戈沙尔(Ghoshal)(1998)认为智力资本指一种社会团体的知识与能力。他将企业层面的社会资本定义为,企业通过关系网络可获得的,来自关系网络的实际或潜在资源。进一步将社会资本的结构分为结构式嵌入、关系式嵌入、认知性嵌入三个层面,对应着结构型社会资本、关系型社会资本和认知型社会资本三种类型。

约翰森(Johnson)(1999)认为智力资本是无形资产,通过使用人的智能所组成的元素与创新所增加的财富。

卢斯(Roos)(1997)认为,智力资本就是企业内部在资产负债表上反映不出来的所有流程和资产,包括商标、专利和品牌等。

伦尼(Rennie)(1999)认为智力资本为企业持续竞争优势之关键资产,而非费用。

曾科瓦斯基(Dzinkowsk)(2000)认为智力资本主要由人力资本、顾客(关系)资本和组织(结构)资本组成。人力资本指组织内成员的知识、教育程度、职业认证、工作评估、创新、积极态度等;结构资本指组织内的智力财产以及基础建设资产,包含专利、版权、经营机密、商标、管理哲学、公司文化、管理程序、信息系统、网络系统;关系资本指与顾客互动和交易关系,如品牌、顾客忠诚度、公司名称、存货订购、营销渠道、战略伙伴关系、许可认定、契约、特权认定。

麦克尔罗伊(McElroy)(2002))研究指出,以前对智力资本的相关研究,少了"社会创新资本",他认为"社会创新资本"是由互信、互惠、共享价值、网络及规范等,来提升企业的内部价值。

表 1-1　对智力资本内涵的描述

	年代	主要观点
加尔布雷斯（John Keneoth Calbraith）	1969	将智力资本从个体层面延伸到组织层面。智力资本在本质上不仅仅是一种静态的无形资产，而且是一种有效利用知识的过程，是一种达到目的的方法。
斯图尔特（Thomes. A. Stewart）	1991	公司中所有成员知晓的，能为企业在市场上获得竞争优势的事物之和。
胡德森（Hudson）	1993	是一种无形资产的综合，包括基因遗传、教育、经验及对生活工作的态度。
胡伯特圣·翁奇（Hubert St.onge）	1996	是人力资本、客户资本和结构资本的总和。
安妮·布鲁金（Annie Brooking）	1996	使公司得以运行的所有无形资产的总和，具体包括市场资产、知识产权资产、人才资产、基础机构资产。
尼克·邦提斯（Nick Bontis）	1996	是企业市场价值与账面价值的差额。
列夫·埃德文森（Leif Edvinson），帕特里克·沙利文（Patrick.H.Sullivin）	1997	是企业真正的市场价值与账面价值之间的差额。
斯威比（Karl Erik Sveiby）	1997	是体现在企业的员工能力、内部结构和外部结构三个方面的综合价值。
卢斯（Roos）	1997	是组织里任何可以创造价值，但却看不见的资源，是组织全体成员知识的总和。
马索拉（Masonla）	1998	是所有无形资产的总和，包括员工的技术、经验、态度、信息等。
纳哈帕（Nahapie），戈沙尔（Ghoshal）	1998	指一种社会团体的知识与能力。
戴维·尤里奇（Dave Ulrich）	1998	企业的智力资本就是其成员的能力与认同感的乘积。
约翰森（Johnson）	1999	是一种难以用言语来形容的无形资产，它附着在传统会计科目中。
曾科瓦斯基（Dzinkowski）	2000	是公司拥有的资本或以知识为主的资产总和。

基于以上学者的研究,智力资本概念体系初现端倪,对智力资本的特征、作用和发展潜力做了基本的描述,特别是通过具体的实践探索和实证分析,为智力资本的后续研究奠定了理论和方法基础。

(二)智力资本的结构组成

对智力资本的构成要素及其相互关系的研究是智力资本理论中非常重要的内容,最有代表性的有以下几种观点。

1.智力资本=人力资本+结构资本+客户资本。

美国学者托马斯·斯图尔特(Thomas.A.Stewart)(1994)在美国《财富》上发表了许多有关智力资本的文章,最早将智力资本定义为"公司中所有成员所知晓的,能为企业在市场上获得竞争优势的事物之和"。他提出了智力资本的"H—S—C"结构,即企业的智力资本价值体现在企业的人力资本、结构资本和客户资本三者之中。① 即:

——人力资本:企业员工具有的技能和知识及其创造知识的能力等;

——结构性资本:组织结构、制度、规范、文化等;

——客户资本:营销渠道、顾客忠诚、企业信誉等。

托马斯·斯图尔特作为智力资本研究领域的先驱,深入考察了一批优秀企业的实际管理经验,吸收了企业管理实践中的有效做法,最终认为企业的智力资本价值体现在企业的人力资本、结构资本和客户资本三者之中。

2.智力资本=无形资产。

英国学者安妮·布鲁金(Annie Brooking)(1996)在《第三资

① [美]托马斯·A.斯图尔特:《"软"资产:从知识到智力资本》,邵剑兵译,辽宁教育出版社2003年版。

源:智力资本及其管理》一书中,系统地阐述了智力资本的含义与构成,以及评估、存储、管理智力资本的全过程。她认为智力资本是"对使公司得以运行的所有无形资产的总称",具体包括市场资产、人才资产、知识产权资产、基础结构资产四大类。① 其中市场资产是指公司所拥有的、与市场相关的无形资产潜力,包括各种品牌、客户和他们的信赖、长期客户、备用存货、销售渠道、专营合同协议等等;人才资产是指体现在公司员工身上的创造力、解决问题的能力、群体技能等能力;知识产权资产包括公司拥有的专利、商标、版权、专有技术等;基础结构资产是指使企业得以运行的那些技术、工作方式、工作程序和企业文化等。

安妮·布鲁金把智力资本简单地归为"对使公司得以运行的所有无形资产的总称",并把智力资本意义体现在一个简洁的公式中,即"企业=有形资产+智力资本"②,见图1-1。

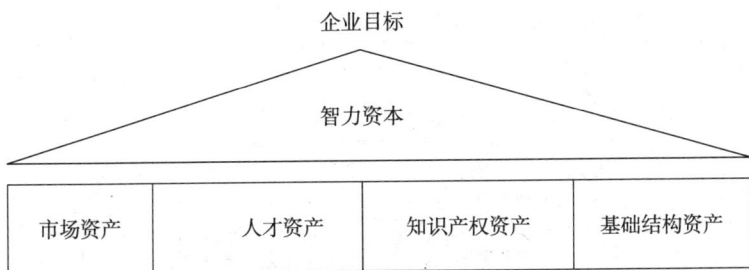

企业目标

智力资本

| 市场资产 | 人才资产 | 知识产权资产 | 基础结构资产 |

图1-1　智力资本组成要素

资料来源:A. Brooking, *Intellectual Capital: Core Asset for the Third Millennium Enterprise*, 1996。

① [英]安妮·布鲁金:《智力资本—第三资源的应用与管理》,赵洁平译,东北财经大学出版社2003年版,第13页。
② 冯丹龙、曾玉磊:《智力资本的国际视角》,《经济月刊》2003年第11期。

3.智力资本=能力×认同感。

美国密歇根大学商学院戴维·尤里奇（Dave Ulrich）教授从全新的角度提出一家企业的智力资本就是其成员的能力与认同感的乘积，即"智力资本=能力×认同感"。公式中用乘号而不用加号，意在强调组织中的人力资本与结构资本的相互关联和相互影响。

4.埃德文森（Edvinsson）与马龙（Malone）（1997）在著作中展示斯堪的亚的市场价值架构图（见图1-2），对智力资本的结构组成进行了描述。瑞典的斯堪的亚金融与保险服务公司，在1995出版的智力资本年度报告中，首次呈现出人力资本、客户资本、结构资本等智力资本，并且第一次使用"智力资本"一词代替会计用语"无形资产"，以此来探讨企业的隐含价值。

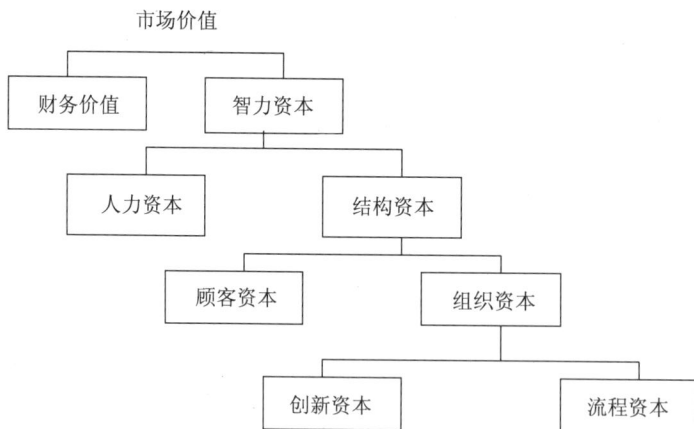

图1-2 斯堪的亚的市场价值架构

资料来源：Edvinsson&Malone, *Intellectual Capita : Realrizing Your Company's True Value by Finding Its Hidden Roots*, New York：Harper Cillins, 1997。

5.智力资本＝员工能力+结构资本。

斯威比把智力资本的构成分为三个方面:员工能力、内部结构和外部结构。① 这里的内部结构和外部结构实际上是将结构性资本区分为内部结构资本和外部结构资本。内部结构资本的作用是为雇员知识和技能在组织内的传递提供支持,外部结构资本的作用是保证企业知识资本的增值。

6.卢斯(1998)的智力资本结构图(见图1-3),对人力资本和结构资本的构成要素做了具体描述,可以看出智力资本与知识、经验、能力、智慧及创新有密切的关系,且具有创造极大价值的可能性。

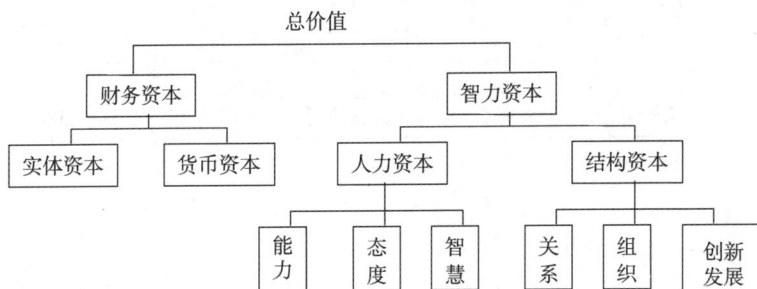

图1-3　Roos 智力资本结构图

资料来源:Roos et al. ,*Intellectual Capital*,New York University Press,1998。

7.林恩(1998)将智力资本分为人力资本、关系资本及组织资本。其中人力资本包括组织成员的知识、技巧和能力;关系资本是来自组织外部并能为组织创造价值的无形资本;组织资本为除去人力资本和关系资本后的智力资本。

8.约翰森(1999)指出公司的市场价值是由两个部分组成,一

---

① 　冯丹龙、曾玉磊:《智力资本的国际视角》,《经济月刊》2003 年第 11 期。

是财务资本,二是智力资本,智力资本包括人力资本、关系资本及结构资本。在新经济环境下,智力资本当大于财务资本。

9.麦克尔罗伊(2002)研究提出社会资本的重要性,划分智力资本为人力资本、社会资本及结构资本,将社会资本的构成描述为内部社会资本、相互资本和社会创新资本,并强调社会创新资本的重要作用,见图1-4。

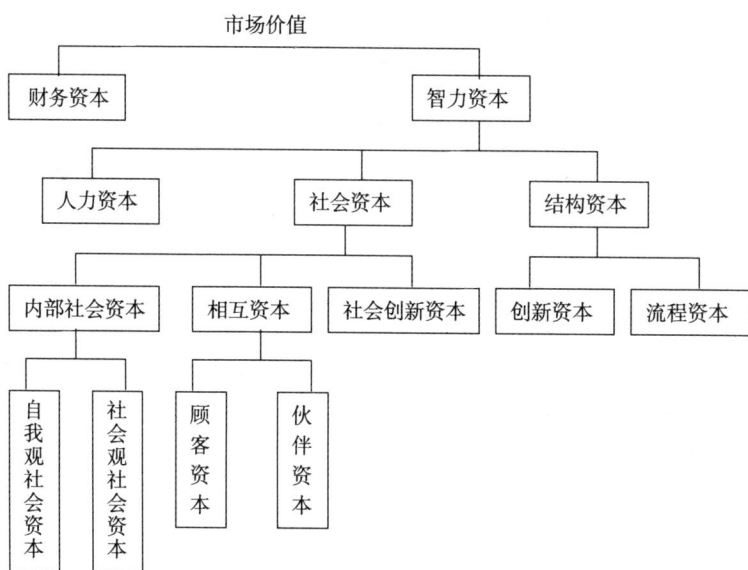

图1-4 McElroy 智力资本修正图

资料来源:McElroy,*Social innovation capital*:*Journal of intellectual capital*,2002。

10.沙利文(2000)将各类不同的智力资本观点进行综合,见图1-5。

11.六元模型。

六元模型将智力资本分成六个构成部分,代表人物是伯纳德·马尔(Bernard Marr)(2004)。这种观点是建立在马尔和斯齐

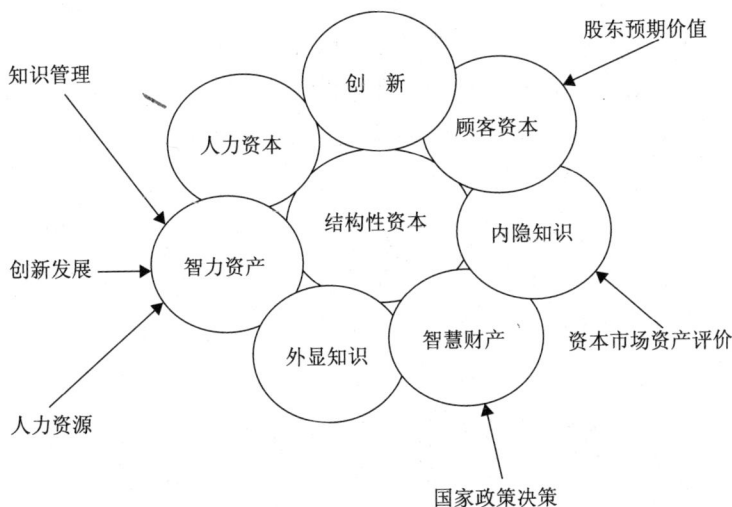

图1-5　智力资本整合图

资料来源: Sullivan, *Valur-Driven Intellectual Capital: How to Convert Intangible Cooperate Assets into Market Value*, John Wiley&Sons, Inc. 2000。

门(Schiuma)(2001)的早期研究的基础上,认为智力资本包括六部分。[1]

(1)利益相关者关系。包括公司与其利益相关者各种形式的关系。例如许可协议、合作协议、合同、分销渠道等;同样也包括与顾客的关系,如顾客忠诚度、品牌识别、公司与某个重要关系人的基本联系等。

(2)人力资源。包括雇员以技巧、竞争力、承诺、动机和忠诚以及建议或私下形式表现出的各种知识资产。其中重要的元素是专利、技术、解决问题的能力、创造性、教育和态度等。

---

① Sveiby Karl Erik, "Methods for Measuring Intangible Assets", *Working paper*, 2001, pp.12-21.

（3）物质基础结构资本。包括所有基础结构资产,像建筑物,像数据库、服务器、局域网等信息和通信技术。

（4）文化。包括企业文化、组织价值观、员工行为、管理哲学。文化对组织绩效和效率来说起着基础性的重要作用,因为它为人们理解事物提供共享框架。

（5）惯例和常规。包括正式或非正式的习惯。例如程序、成文的流程和规则、虚拟网络、心照不宣的规则和非正式的程序、默示的行为及管理风格。

（6）智力资产。是知识资产的汇总。例如有法律认可归公司所有的专利、版权、商标品牌、注册设计、商业秘诀和流程。

尽管在智力资本研究范畴上存在着差异,但智力资本是对传统资本概念的有效扩充这一点却是共同的。智力资本概念的提出把传统资本所忽略的但却日益成为企业重要资源的东西,诸如员工技能、组织流程、企业文化、客户忠诚等,与企业核心能力构成要素整合在一起,拓展了物质资本和非物质资本的范畴,将无形资产和有形资产结合起来,揭示了企业的真正价值所在及价值增长的源泉,从而为企业管理与发展指明了方向。

（三）智力资本与企业绩效的研究

企业智力资本的绩效决定了该企业智力资本是否具有竞争力,智力资本的绩效评价对于智力资本管理具有非常重要的意义。

1.尼克·邦提斯（1998）根据智力资本三元说理论（见表1-2）,将人力资本、结构资本和顾客资本作为智力资本的组成部分,提出用因子分析法和最小二乘法等计量方法来测度智力资本,并设计模型用来管理企业的智力资本。通过调查问卷的形式获取加拿大和马来西亚两国企业的相关数据,进行实证分析。结果表明,智力资本的三个组成部分之间是相互联系的,而且智力资本对企业绩效具有显著的正效应,结构资本和顾客资本对企业绩效有显著性影响,而人力资本对企业绩效的影响并不显著,人力资本要转化为与企业系统相适应的结构资本和顾客资本才能真正发挥作用。

表1-2　智力资本构成表

智力资本结构类型	构成要素	作者(年代)
二元说	人力资本、结构资本	Ross(1998)
三元说	人力资本、结构资本、顾客资本	Stewart(1997),Bontis(1999)
四元说	人力资本、关系资本、流程资本、创新资本	A. Brooking (1996),Edvinsson&Malone(1997),Sveiby, K. E.(1997),Dzinkowski,R.(2000)
五元说	人力资本、结构资本、关系资本、流程资本、创新资本	Bassi(1999)
六元说	利益相关者关系、人力资源、物质结构基础、文化、惯例和常规、智力资产	Bernard Marr.(2004)

2.史蒂文·菲雷(Steven Firer)(2003)以智力资本二元说理论为基础(见表1-2),将人力资本和结构资本作为智力资本的组成部分,采用智力增值系数法,以南非75家上市贸易公司数据为样本,研究物质资本增值系数、人力资本增值系数、结构资本增值系数与企业获利能力、生产效率、市场价值等指标之间的相互关系。实证研究结果显示,结构资本与企业盈利能力有适度的正相关关系,人力资本对生产能力有显著的促进作用。

3.恩斯特龙(Engstrom)(2003)以酒店业为考察对象,研究智力资本与企业绩效之间的关系,发现结构资本能够促进酒店财务绩效的提高。

4.艾哈迈德·里亚希—贝克奥伊（Ahmed Riahi Belkaoui）（2003）从资源基础和利益相关者的视角出发，使用《财富》杂志1991年评选出的美国100家"最大跨国"制造和服务公司中81家为样本，以1992—1996年企业的全部资产相对增值为因变量，以1987—1991年间各样本企业商标持有量所代表的智力资本为自变量，1987—1991年的全部资产相对增值为控制变量，进行数据分析，研究结果显示智力资本对美国跨国公司的绩效有积极、显著的持续性影响，是其超额利润的重要来源。

5.玛法德斯（Mavridis D. G.）与科米萨雷（Kyrmizoglou P.）（2005）分别利用日本、希腊两国银行业数据，以价值增量为因变量，以智力资本和物质资本为自变量，通过逐步线性回归和对比分析法，研究银行业的智力资本与基于银行业价值的绩效相关性，研究发现智力资本与物质资本对价值增长都有显著的正效应，而智力资本的影响要大于物质资本的影响，而且不同类型、不同国家的银行业存在显著的绩效差异，这些差异来自智力资本与物质资本之间潜在的差异。

（四）国家智力资本的实践探索

越来越多的国家和地区开始重视从智力资本的角度考察国家财富和竞争能力，根据有关影响国家经济社会发展的关键因素，建立系统的测量评价标准，推出国家智力资本报告或区域智力资本报告。例如瑞典、以色列、澳大利亚、荷兰、阿拉伯国家、美国、加拿大、克罗地亚和新西兰等国家。

瑞典是第一个开展国家智力资本研究的国家，1995年5月，瑞典第一大保险和金融服务公司——斯堪的亚（Skandia）公司在其副总经理兼首席智力资本主管埃德文森的领导下，发布了世界上第一份公开的智力资本年度报告,该报告通过对客户、流程、更新与开发、人力因素、财务等方面信息的分析,对公司知识资本状况进行了全面分析和评估,并将其作为传统年度财务报告的补充。Skandia 公司的智力资本模型及其实践被认为是从工业经济时代向知识经济时代转变的一个重要里程碑。1996 年政府和斯德哥尔摩大学将 Skandia 公司研究的导航器(Navigotoe)模型修改后运用于国家层面,量化考察影响瑞典国家发展的关键因素,认为对国家整体价值的衡量,既要考虑财务数据,也要考虑非财务数据方面的评估,通过综合报告的形式描述了瑞典国家智力资本的状况。1998 年 8 月第一届关于国家智力资本识别与测量的国际会议——Vaxholm 高峰论坛(Vaxholm Summit),在智力资本倡导者列夫·埃德文森和卡若琳·塞菲尔特(Caroline SenfeltAn)主持下召开,形成了名为"Invitation to the Future"的报告。此次会议旨在对智力资本做一次开放、有益的探索和研究,以分享大家的经验、观点和成果,会议对有关国家智力资本测量的定义、因素、导航评价体系和数据处理等方面问题达成了共识。[①]

　　以色列是另一个在国家智力资本研究方面起步较早的国家之一,1999 年在埃德娜·帕沙尔(Edna Pasher)和于伽·马赫特(Yogesh Malhorta)等人的领导下,研究发布了一份基于斯堪的亚导航器(Skandia navigator)模型的以色列国家智力资本研究报告,名为"A Look to the Future:The Values of the Desert(展望未来:沙漠的价值)"。报告目的在于总结以色列在建国 50 年的发展历程中提供比较优势的主要影响因素,介绍了以色列在教育、专利权、

---

① 李平:《国家智力资本理论研究现状及启示》,《重庆工商大学学报》2006年第 3 期。

研发、科学家、国际开放度、计算机和通信基础设施等不同领域的隐性价值和关键成功因素。报告指出:"依靠来自科学和技术领域的知识,依靠来自世界市场的信息,以及依靠最佳的知识获取和开发,(全球竞争)趋势正在创造基于知识革命的新商机。"

1998 年 Ante Public 研究出智力资本增值系数(Value—Added Intellectual Capital Coefficient,VAIC)方法,并将其运用于克罗地亚国家智力资本研究中,他测量并分析了克罗地亚 21 个地区的智力资本价值,此项研究说明了区域智力资本在国家经济发展中的重要性。

尼克·邦提斯在联合国项目资助下,以 10 个阿拉伯国家为研究样本,提出国家智力资本指数(Nztional Intellectual Capital Index)理论,该项目的主要目的是清晰地设计一套指标体系,用来揭示和测量国家的无形财富。该研究成果也被美国和加拿大借鉴,作为开发和计算国家智力资本的基础。邦提斯的国家智力资本指数成果是在埃德文森和马索拉模型的基础上,将企业智力资本理论转换到国家层面上,对国家智力资本包括的人力资本、流程资本、更新资本和市场资本 4 个方面进行计算汇总得到国家智力资本指数,依据该指数对 10 个样本国家进行排序,并分析 4 个指标之间的相关性以及各指标对国家财富的影响。

2005 年 Andriesin 等人运用多维价值测量理论(The theory of multidimensional value measurement),开发设计了智力资本监测器(Intellectual Capital Monitor),从人力资本、结构资本和关系资本 3 个方面,围绕投资、资本和结果 3 项内容考察欧盟国家的智力资本状况。

此外,在奥地利、英国、日本和波兰等国家针对智力资本的开发、管理方面的研究成果不断产生,在一些发展中国家和地区也开

始运用智力资本研究报告指导经济社会发展实践。有关智力资本
的国际研讨会和学术期刊也蓬勃兴起。在世界范围内的研究者和
实践者分别于 1996 年 1 月和 1998 年 1 月在加拿大的安大略召开
了第一届和第二届智力资本国际大会。1998 年,经济合作与发展
组织在阿姆斯特丹召开了智力资本的国际研讨会。在一些大学和
一些先行实践企业中纷纷成立了智力资本研究及管理机构。例
如,加拿大麦克马斯特大学的智力资本研究所,英国 MCB 大学创
办的《智力资本杂志》,旨在推动组织中智力资本的创造、识别、管
理及测度等方面的研究与应用。① 表 1-3 列举了部分国家和区域
关于智力资本的研究成果。

表 1-3　国家、区域智力资本研究

国别/ 国际组织	年份	研究成果
瑞典	1994 1997	世界第一份智力资本年报 智力资本基准和评级
以色列	1999	国家智力资本报告:展望未来—沙漠中 的隐藏价值
荷兰	1998 2000	不可测量的知识财富,无形资产:平衡知 识账目 2000 年荷兰基准研究:在新千年的开端
丹麦	1997 2000 2003 2004	丹麦结构化监测系统 全球首份智力资本报告指南(A Guide for Intellectual Capital Statements) 新智力资本报告指南(Intellectual Capital Statements—The New Guideline, 简 称 Danish Guideline) 成立智力资本实验室

① 李平:《国家智力资本理论研究现状及启示》,《重庆工商大学学报》2006
年第 3 期。

国别/国际组织	年份	研究成果
欧盟	2002 2008	智力资本报告指南（Guideline for Management and Reporting on Intangible, Meritum Guidelines, 简称 Meritum 计划）European Intellectual Capital's Guideline
北欧创新中心	2001, 2003, 2006	智力资本管理和报告指南
德国	2004	Guideline on the Prepareting of an Intellectual Capital
澳大利亚	2005	Australian Guiding Principles on Extended Performance Management
日本	2004 2005	Guideline for Intellectual Property Information Disclosure The Guideline for Disclosure of Inrellectual Assets BasedMangement

二、国内智力资本研究综述

我国在智力资本研究方面起步较晚,在智力资本理论研究方面尚缺乏系统性。与国外智力资本价值理论研究成果相比,我国在无形资产与公司价值关系研究、如何从智力资本中盈利、如何测量智力资本量、如何审计和评估智力资本、如何创造和实现智力资本价值等方面存在明显差距。近年来,我国的一些经济学和管理学专家及研究学者,开始研究企业智力资本和区域智力资本问题,在人力资本研究、智力资本审计与管理研究、知识管理研究、劳动价值理论研究与效用价值理论研究等方面取得了显著的成绩。

我国对于智力资本理论和实践的研究主要体现在以下几个方面。

（一）关于城市、国家智力资本的研究

工业经济是物质的产出，必须以物质的消耗为基础，人类利用的不可再生资源最终是会耗竭的。知识投入可以代替物质投入，从而起到节约资源、提高经济效益的目的。知识经济是以无形资源可再生、可共享为目标，把信息和知识作为最重要的资源，把人创造知识和运用知识的能力看作最重要的经济发展因素，其特点是信息化、智能化。城市化是我国经济发展的主要推动力，开展城市智力资本的研究对提升城市竞争力非常重要。潘忻（2003）以南京市为例，进行城市智力资本测量。① 苏方国（2011）通过对城市智力资本的理论述评，归纳了目前国内外关于区域智力资本的研究表现出的主要问题：一是实证分析多，理论模型开发得少；二是国家层面和地区（省级）层面的研究较多，城市层面的智力资本研究还是非常少。最后，结合中国转型经济背景，给出了城市智力资本的未来研究建议。② 苏方国、甘英英、梁小燕（2011）以2007—2009 年广东省各地级市为样本，利用复数据表方法建立城市智力资本的 PLS 路径模型，综合评价城市智力资本水平，为城市公共管理部门提供测量和管理城市智力资本的方法和工具。最后，以 2007 年广东省各地级市为例，测算各个城市智力资本四个维度的参数，综合评价城市智力资本水平并进行排名。③

在知识经济时代，智力资本对个人、企业、组织无疑是重要的，它对于作为整体的国家同样是重要的。李平（2006）总结国家智

---

① 潘忻：《城市智力资本的测量：以南京市为例》，《江苏统计》2003 年第 1 期。

② 苏方国：《城市智力资本的理论述评》，《现代管理科学》2011 年第 1 期。

③ 苏方国、甘英英、梁小燕：《城市智力资本指数模型.第六届（2011）中国管理学年会—城市与区域管理分会场论文集》2011 年。

力资本理论的内涵、研究内容和方法,介绍国外有关国家智力资本理论的最佳实践。① 万希(2011)介绍国外国家智力资本理论和实践。② 陈武、何庆丰、王学军(2011)对我国1998—2007年20年间国家智力资本水平和创新能力进行评估,实证研究二者之间的定量关系。③

(二)关于企业智力资本的研究

企业智力资本理论是企业竞争优势来源的最新理论。知识经济时代,智力资本在企业价值创造中的作用越来越重要,智力资源正逐渐成为企业挖掘持续竞争优势的核心资源,并以多种形式贯穿企业价值创造的全过程。智力资产是企业唯一增值的资产,而大部分其他资产(建筑物、设备、机器等)从企业购置那一天起就开始贬值。但许多企业目前对智力资本的投资还不够重视,管理人员不重视或贬低智力资本,不少企业高层管理人员认为,增加智力资本并不能解决实际经营管理问题。任俊义(2011)对企业社会资本影响智力资本的形成进行了验证。④

孟家新(2011)以山东51家上市公司2006—2008年间153份年度报告为样本,对其智力资本信息披露状况进行实证分析。⑤ 冉秋红,李记龙,刘雯雯(2010)讨论了智力资本的价值创造机理,

---

① 李平:《国家智力资本理论研究现状及启示》,《重庆工商大学学报》2006年第3期。

② 万希:《国家智力资本研究的发展与启示》,《经济问题探索》2011年第9期。

③ 陈武、何庆丰、王学军:《国家智力资本与国家创新能力的关系——基于20年面板数据的实证研究》,《中国科技论坛》2011年第4期。

④ 任俊义:《社会资本视角下企业智力资本形成机理研究》,《科研管理》2011年第2期。

⑤ 孟家新:《企业智力资本信息披露研究——基于山东上市公司的实证分析》,《商业会计》2011年第8期。

在此基础上分析了企业智力资本结构的表现形式与特征。① 重点从货币计量和非货币计量两方面入手，探讨了智力资本结构的计量方法与思路，分析了智力资本结构的动态变化与优化问题，并提出了今后的研究方向。

智力资本测量是智力资本研究中的环节之一，能测量的才能进行评估，根据评估的结果才能有针对性地制定发展战略。董必荣（2010）介绍了无形资产监视器、斯勘的亚导航器、智力资本评级、丹麦智力资本报告指南、欧盟智力资本报告指南等几种典型的智力资本报告模式，分析认为智力资本报告目前还处于起步探索阶段，存在目标定位模糊、报告内容不确定、缺乏系统的理论依据以及没有成熟统一的编制方法和报告方式等诸多问题。② 张丹、牛晓君（2009）认为知识经济使企业的资源结构发生了重大改变，智力资本已经成为企业价值创造的关键因素。目前传统的财务报告已经远远不能满足投资者的信息需求，企业智力资本信息的对外披露已成为必然。文章回顾了国内外企业智力资本报告理论与实践的研究成果，在借鉴欧洲和日本的智力资本报告指南的基础上，指出在中国建立智力资本信息披露指南的重要意义。③ 何川、杭省策（2008）就如何分析和评价企业智力资本状况，确立了4个一级指标、20个相应的二级指标的企业智力资本评价体系，并运用模糊综合评价方法建立了智力资本的评估模型。运用该方法和

---

① 冉秋红、李记龙、刘雯雯：《企业智力资本结构及其计量方法研究》，《财会通讯》2010年第15期。

② 董必荣：《国外企业智力资本报告模式述评》，《上海立信会计学院学报》2010年第5期。

③ 张丹、牛晓君：《企业智力资本报告的国际演进与发展》，《工业技术经济》2009年第11期。

评估模型,不仅能够对企业智力资本状况进行综合评价,而且还能减少由于企业价值评估中的信息模糊性带来的不确定性。① 江丰沛(2008)②、杨广宇,刘秋生(2008)③关注企业智力资本开发,指出智力资本不仅已经成为企业创造价值和获得持续竞争优势的重要源泉,而且也是企业未来创新和利润增长的关键所在,智力资本对企业价值和国家经济绩效具有促进作用。如何开发企业智力资本并将其转化为企业价值,是我国企业通过管理和技术创新提升核心竞争力过程中面临的重要问题之一。李平(2007)在对当前几种主要的智力资本开发模式进行分析的基础上,创造性地提出从战略、创新和价值三个维度实施企业智力资本开发的思路。④李平(2006)从企业智力资本存量开发和增量开发的角度对我国企业智力资本开发风险进行了识别和分析,并构建了智力资本开发风险指标体系。⑤ 李蔚田、范刚龙(2006)从智力资本与企业价值的关系、智力资本增加企业价值的途径及智力资本价值链三个方面探讨企业智力资本问题。⑥

(三)关于智力资本会计计量的研究

当前,智力资本作为无形资产已成为最重要的生产要素,准确

---

① 何川、杭省策:《企业智力资本的多级模糊评估模型研究》,《现代制造工程》2008年第2期。

② 江丰沛:《企业智力资本的开发路径分析》,《烟台大学学报》(哲社版)2008年第2期。

③ 杨广宇、刘秋生:《企业智力资本开发探析》,《财会通讯》(理财版)2008年第12期。

④ 李平:《区域智力资本:区域经济研究的新视角》,《重庆大学学报》(社科版)2007年第5期。

⑤ 李平:《区域智力资本开发:振兴东北老工业基地的战略选择》,《当代财经》2006年第11期。

⑥ 李蔚田、范刚龙:《企业智力资本价值链研究》,《企业经济》2006年第9期。

计量企业的智力资本成为企业界和理论界的热点和难点。为了有效地管理企业的智力资本,真实地反映企业的价值,必须对智力资本进行计量和报告。智力资本的价值具有较大的灵活性和随机性,传统会计方式对智力资本的计量违反了会计原则,历史成本计量模式不适用于智力资本的计量,现有的无形资产摊销方式并不完全适合智力资本。何旭峰,王仲贵(2011)分析了智力资本对传统会计的挑战,设计智力资本会计的理论框架结构,对企业智力资本 目标、假设、对象、计量、报告等方面进行了全面阐述。① 周扉(2010)针对智力资本会计确认与计量方法问题,探讨智力资本的定义、分类和内容,阐述智力资本会计核算方法改革与创新的路径,以及由此引发审计客体对象的拓展。② 周世瑛,杨琳(2009)通过对多种智力资本会计计量方法进行探讨和比较,重点介绍了一种相对于其他计量方法较优的计量模型—VAIC(智力增值系数法)。③ 赵彦峰(2008)对10年来中国智力资本会计的研究进行了回顾,总结了对智力资本定义、构成、计量和报告等方面的主要研究成果,并进行评述,在此基础上对中国未来智力资本会计研究提出建议,以探索中国智力资本会计的发展方向及研究重点。认为智力资本是公司可持续发展能力的来源,智力资本会计是顺应知识经济时代的发展而出现的会计新领域,是研究智力资本领域的重要方向。④ 杨

① 何旭峰、王仲贵:《智力资本会计框架研究》,《财会通讯》2011 年第10 期。

② 周扉:《智力资本会计确认理论与计量方法改革新探》,《大众科技》2010年第5 期。

③ 周世瑛、杨琳:《浅谈智力资本会计计量》,《广东技术师范学院学报》2009年第7 期。

④ 赵彦峰:《中国智力资本会计研究回顾与展望》,《石家庄经济学院学报》2008 年第6 期。

帆(2009)梳理出西方智力资本计量理论的发展演进过程,提炼其基本理论框架,可为我国智力资本计量理论及实务的发展提供参考。[①] 蒋艳(2010)基于平衡记分卡(BSC)理论,采用压力—状态—响应(PSR)法从学习与成长、内部流程、顾客等三个非财务维度构建了企业智力资本计量模型。以2009年沪深两市IT行业的106家上市公司为研究对象,使用因子分析法提取了三个维度的综合因子和三个维度下的九个公共因子,并将其分别定义为两个实证研究模型的解释变量,构建了智力资本计量的实证分析模型。[②] 冷国杰(2011)将智力资本分为人力资本、结构资本和关系资本三大部分,并从增长性、效率性和稳定性三个方面对测量指标进行了分类。然后从沪深上市公司中选取了主营业务为CoPS的28家上市公司,运用定量化指标对其2007—2009年的智力资本进行了测量。研究考察了同一公司不同年份以及不同公司同一年份的智力资本变化情况,并比较了不同行业智力资本的差异。[③]

(四)关于智力资本研究视角和领域的研究

由于智力资本涉及研究理论和方法的多样性,人们从不同的视角对众多相关领域的智力资本进行了广泛的研究。杨隽萍、游春(2011)基于知识管理视角,对智力资本与企业价值的耦合性进行分析。[④] 李冬伟,李彩艳,任玲(2011)基于动态能力观,分析感知能力、整合能力和创新能力三种能力共同促进智力资本向竞争

① 杨帆:《西方智力资本计量理论评述》,《商业时代》2009年第16期。
② 蒋艳:《基于BSC的企业智力资本计量与报告研究》,中南大学2010年硕士论文。
③ 冷国杰:《CoPS创新利益相关者管理的智力资本测量研究》,浙江工商大学2011年硕士论文。
④ 杨隽萍、游春:《基于知识管理视角的智力资本与企业价值耦合性分析》,《贵州社会科学》2011年第4期。

优势的动态转换。① 马娜(2010)从系统动力学的视角对智力资本投资决策的可行性进行分析。② 张宗益、韩海东(2010)基于协同机理,对智力资本的转化路径进行研究,以组织创新为切入点,从激励机制、外部利益及智力资本整体协同三方面提出智力资本转化的途径。③ 李平(2006)基于生命周期理论,对企业智力资本的开发策略进行研究,企业在不同的生命周期阶段,智力资本各要素发挥的作用不同。④ 朱宇,原毅军(2002)运用人工神经网络的思想与方法,把智力资本与企业战略联系起来,对智力资本的整体和部分的价值进行测量和分析。⑤ 有关智力资本应用的相关领域涉及高新技术企业智力资本、中小企业智力资本、高校智力资本、银行智力资本和医院智力资本⑥⑦⑧⑨⑩,以及通信、石油、盐业、旅

　　① 李冬伟、李彩艳、任玲:《动态能力观下的智力资本与企业竞争力关系研究》,《华东交通大学学报》2011年第3期。

　　② 马娜:《基于系统动力学的智力资本投资决策可行性分析》,《中小企业管理与科技》2010年第5期。

　　③ 张宗益、韩海东:《基于协同机理的智力资本转化路径研究》,《商业研究》2010年第12期。

　　④ 李平:《基于生命周期理论的企业智力资本开发策略》,《统计与决策》2006年第22期。

　　⑤ 朱宇、原毅军:《人工神经网络在智力资本测量中的应用》,《CAD/CAM与制造业信息化》2002年第2期。

　　⑥ 杨蔓利:《高新技术企业智力资本构成及其评价指标体系研究》,《商场现代化》2010年第36期。

　　⑦ 陶水龙、姜广澳:《高校智力资本构成及其协同增效研究》,《当代经济》2011年第4期。

　　⑧ 王雯、陈晞:《区域性银行智力资本对经营绩效影响的实证分析》,《福建金融》2011年第11期。

　　⑨ 黄睿、蔡玫、徐蕴颉、花卉:《商业银行智力资本与绩效相关性研究》,《经济视角》(下)2011年第1期。

　　⑩ 孔玉生、刘亭:《医院智力资本会计浅析》,《财会通讯》2010年第1期。

游、物流、建筑设计、能源制药等各种行业的智力资本①②③④⑤，涉及领域非常广泛，进一步说明了智力资本的多学科本质。

（五）关于区域智力资本的研究

区域智力资本是通过一种开放性的结构在区域内共享智力资源，充分利用不同组织、机构与企业人员的潜能，将人力资本和结构资本联系起来，构建均衡的区域创新体系，通过系统的合作使组合知识的价值最大化，并最终转化为现实生产力，促进地区经济发展。区域智力资本的关键在于把智力资源置于社会环境当中，着眼于价值的形成与增值过程。区域智力资本是由人力资本、结构资本、关系资本和创新资本构成的集合体，区域经济发展需要发挥智力资本诸要素的协同作用，智力资本对于经济发展的影响是通过产业发展、资源配置和宏观机制三个路径来展开的，并在其中发挥相应的功能或效应。⑥ 智力资本通过作用于区域产业发展、资源配置和宏观机制，实现产业结构的合理化与高级化、资源的优化配置以及宏观机制的良性运作，最终实现经济规模量的扩张和经济质效的提升。然而，不同的地区获得和使用智力资本的效率水平却存在不同。

---

① 周杰：《通信智力资本激励研究》，《河北企业》2011 年第 8 期。

② 刘超、马惠琪、刘卫东：《软件企业智力资本对企业成长的影响机制研究》，《技术经济与管理研究》2008 年第 5 期。

③ 王宁、王艳筠：《我国软件企业智力资本价值评估》，《科技管理》2008 年第 10 期。

④ 李慧娟、王琳：《能源行业智力资本对企业绩效影响的实证研究》，《统计与决策》2010 年第 24 期。

⑤ 王琴：《旅游企业的智力资本管理》，《财会通讯》（理财版）2006 年第 12 期。

⑥ 张其春：《智力资本影响区域经济发展的机理分析》，《长春工业大学学报》（社会科学版）2009 年第 6 期。

关于区域智力资本的研究成果主要集中在以下几个方面:一是对区域智力资本的测算。陈武(2010)①、袁瑞萍,吴祈宗,韦建(2009)②、高亚莉,张薇,李再杨(2009)③、赵海林(2008)④、陈钰芬(2006)⑤等分别对区域智力资本的指标体系构建和测量进行了研究,并以江苏省、湖北省、辽宁省等区域为例,进行实证分析研究;二是探讨区域智力资本与区域创新能力的关系。陈武,何庆丰,王学军(2011)⑥、陈武,王学军(2010)⑦对区域智力资本与区域创新能力的关系进行了研究;三是以省或地级市为实证分析对象,研究区域智力资本各构成要素与经济发展的关系。董必荣,孙国岩,史晓明(2011)以江苏省为例,论述区域智力资本与经济发展的关系。⑧ 蒲惠英,陈和(2010)以广东省 21 个地级市为例,分析区域智力资本对区域经济发展的影响。⑨ 陈武、王学军(2010)

①　陈武:《区域智力资本指标体系构建及其测度——基于湖北省 12 年数据的实证研究》,《经济研究导刊》2010 年第 24 期。

②　袁瑞萍、吴祈宗、韦建:《区域智力资本测评及管理模型研究》,《商业时代》2009 年第 10 期。

③　高亚莉、张薇、李再扬:《2000~2007 年我国区域智力资本的测量》,《情报杂志》2009 年第 9 期。

④　赵海林:《区域智力资本的衡量及和谐发展》,《华东经济管理》2008 年第 11 期。

⑤　陈钰芬:《区域智力资本测度指标体系的构建》,《统计研究》2006 年第 6 期。

⑥　陈武、何庆丰、王学军:《国家智力资本与国家创新能力的关系——基于 20 年面板数据的实证研究》,《中国科技论坛》2011 年第 4 期。

⑦　董必荣:《国外企业智力资本报告模式述评》,《上海立信会计学院学报》2010 年第 5 期。

⑧　董必荣、孙国岩、史晓明:《论区域智力资本与江苏经济发展》,《金融纵横》2011 年第 2 期。

⑨　蒲惠英、陈和:《区域智力资本对区域经济发展的影响——基于广东省的实证研究》,《工业技术经济》2010 年第 9 期。

基于湖北省 1995—2006 年的相关数据,探讨区域智力资本对区域经济增长的作用。王孝斌、陈武、王学军(2009)测量 2006 年全国 31 个省市区域智力资本水平,得出区域智力资本提高 1%,GDP 提高 0.815%的结论。[①]

第三节　研究内容与方法

一、研究内容

本书在对智力资本国内外相关研究成果进行综述的基础上,首先对智力资本进行定性分析,对智力资本的理论渊源、内涵、特征、构成和功能等方面进行全面阐述,在总结智力资本与区域经济发展的理论基础上,对区域智力资本影响区域经济发展的机理和区域智力资本价值实现的机理开展分析研究。接着在借鉴相关研究成果的基础上,参照相关学者对智力资本和区域智力资本的构成模型的研究,结合区域经济研究的基本原理,从人力资本、关系资本、结构资本和创新资本四种构成要素来研究区域智力资本,建立区域智力资本评价指标体系,并以甘肃省为例,利用相关数据,采用因子分析方法,实证分析区域智力资本与区域经济发展的相关性以及相关程度。最后通过区域智力资本评价研究,构建区域经济发展的智力资本调控机制。

研究内容的框架结构如下图。

---

① 邱萱、邓琳琳:《智力资本信息披露影响因素分析》,《北方经济》2008 年第 14 期。

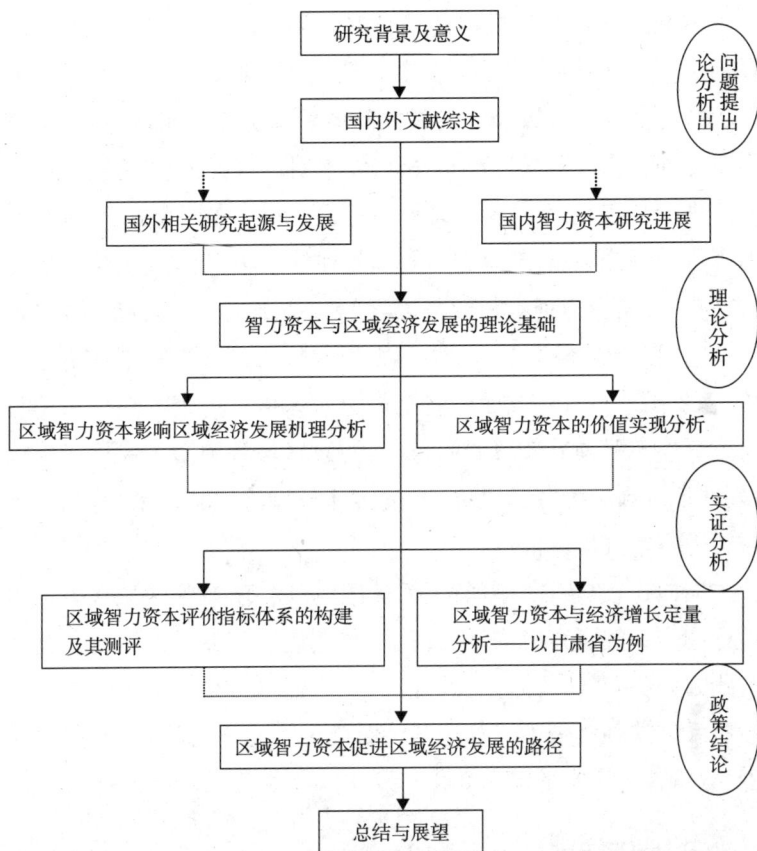

研究背景及意义

国内外文献综述

问题提出　论分析出

国外相关研究起源与发展

国内智力资本研究进展

智力资本与区域经济发展的理论基础

理论分析

区域智力资本影响区域经济发展机理分析

区域智力资本的价值实现分析

实证分析

区域智力资本评价指标体系的构建及其测评

区域智力资本与经济增长定量分析——以甘肃省为例

政策结论

区域智力资本促进区域经济发展的路径

总结与展望

二、研究思路

本书的研究思路可以概括为三个方面,即整体与局部,理论与实践,横向比较与纵向梳理。

整体与局部:既从整体上研究我国区域智力资本的水平,又从局部的案例研究入手,深入细致地探究我国西部地区智力资本的具体实践,从实践中发现问题,总结经验。从宏观上,分析区域智力资本在经济社会发展中的地位和作用,研究全国 31 个省(市、自治区)的智力资本水平。在微观领域,以甘肃省为例,不仅探究区域智力资本与区域经济发展之间的整体关系,而且针对区域智力资本的各构成要素,分别分析各要素对区域经济发展的影响。

理论与实践:智力资本理论研究主要集中在四个方面:一是智力资本的理论观点;二是智力资本的评估方法;三是智力资本的衡量指标;四是智力资本与相关因素的关系研究。国家智力资本报告、企业智力资本报告和大学智力资本报告是智力资本理论的具体实践,国外多有这方面的研究成果。区域智力资本报告目前是智力资本实践领域较薄弱的环节,构建区域智力资本评价指标体系,并以甘肃省为分析对象,通过实证分析验证其效果,有利于区域智力资本报告的推行。

横向比较与纵向梳理:了解美国、英国、瑞典等国家智力资本理论和实践的研究成果,比较我国与发达国家在理论研究和具体实践方面的差异,为建立我国区域智力资本体系提供可资借鉴的参照系。这种比较不仅落在某一时间的节点上,而且从发展的角度,分析智力资本的动态变化与发展。

三、研究方法

文献研究法——利用本校图书馆和省图书馆大量的藏书和丰富的网络学术资源,对中国期刊网、维普中文科技期刊数据库、中国博士优秀硕士学位论文数据库、万方学位论文数据库、人大全文数据库、国研网国研报告库、中经网统计数据库、CSSCI 数据库、超星中文电子图书、方正电子图书、Academic Research Library 数据库、世界科学出版社电子期刊(WSN)等中、英文文献资源中的相关资料进行检索,对有关智力资本和区域经济发展的文献资料进行梳理和归纳,从中寻找研究的重点,掌握最新研究进展。

调查研究法——受客观条件的限制,实地调研只能局限在一个比较小的范围之内。为此,笔者针对本书研究的实际需要,同时结合其他课题的研究工作,对甘肃省有代表性的市县进行了实地调研,具体包括兰州市、白银市、天水市、嘉峪关市、张掖市、临洮县、陇西县、景泰县、靖远县、会宁县,永靖县,宁县等地。通过对这些地区进行实地考察调研,参观当地有代表性的企业,发放调查表(调查表见附表),根据调查表反馈的信息,明确智力资本的影响因素及其重要性。与调查对象进行访谈和交流,探讨甘肃省区域智力资本发展存在的问题和改进措施。

比较研究法——了解智力资本报告起源地北欧地区的智力资本发展过程和研究成果,探究发达国家区域智力资本理论和方法上的先进经验,特别是对其他国家有关国家智力资本报告、企业智力资本报告和区域智力资本报告的形成过程和最终结果进行分析对比,总结我国区域智力资本发展现状和差距,探索区域智力资本发展路径。

案例研究法——区域经济理论研究的落脚点是指导和解释区域经济发展实践,论文选取我国西部地区的甘肃省为实证分析对象,对其智力资本的现状和趋势进行深入细致的分析,以期对我国不同地区区域智力资本的水平和发展路径进行探讨。

第四节　研究的难点和创新点

一、研究的难点

对区域智力资本的理论与方法进行实证研究是一个较新的研

究领域,存在一定的困难,因为对区域智力资本的价值判断和度量是一项操作难度大、也较难把握的工作。在理论上对区域智力资本的评价指标体系可以设计得比较全面,但在进行具体的实证分析时,相关数据的获取很难达到,所以不得不做出一定的妥协,在可操作的前提下,构建指标体系,开展实证分析。写作初期的计划是对甘肃省十二个地级市和临夏、甘南两个自治州的区域智力资本进行定量分析,但在数据收集过程中,很难获得齐全的所需数据,所以定量分析的层面选择了甘肃省为分析对象,这是研究的难点之一。基于区域智力资本的多学科本质,本书力求比较全面清晰地分析相关学科与智力资本的耦合情况,但由于可利用资料的有限性,可借鉴的研究成果的稀缺性,以及自身理论功底和研究方法上的局限性,难以达到预期,这是研究的难点之二。针对区域经济发展的智力资本调控机制,探索促进甘肃省区域经济发展的四位一体智力资本发展路径,由于区域智力资本涉及区域人力资本、区域结构资本、区域关系资本和区域创新资本四要素,构建智力资本四位一体调控机制,关系到政府、企业、个人和社会等诸多主体,如何发挥每一主体的积极性,增强区域智力资本的整体功能,探索切实可行的智力资本促进区域经济发展的路径,是研究的第三个难点。

二、可能的创新点

将智力资本研究从企业管理层面拓展到全国或省际区域经济发展层面,是智力资本研究的一个新视角。通过对相关文献和研究成果进行检索和梳理,发现有关区域智力资本理论和实证分析的研究成果非常有限,对我国西部地区相关省份进行研究更是少见。本书在研究相关学者有关区域智力资本理论和方法的基础上,以甘肃省为分析对象,构建分析指标体系,开展实证分析,初次对甘肃省区域智力资本水平及其影响因素进行评估,这是全书可能的创新点之一。由于区域智力资本理论体系尚不完善,本书力求在这一方面得到一些突破,对区域智力资本影响区域经济发展的机理和区域智力资本的价值实现进行分析研究,尽管难以达到满意的水平,但毕竟开展了初步的探索,以期在未来的研究中可以进一步深化和完善,这是可能的创新点之二。国家智力资本报告、企业智力资本报告和大学智力资本报告多有研究成果产生,有些国家以政府颁布法案的形式,促进其发展,但区域智力资本报告的产生和推行还有待进行更多的探索和研究。本书试图在推进我国区域智力资本报告的形成和发展上进行一些有益的探索,这是本书可能的创新点之三。

第一章 智力资本与区域经济
发展的理论基础

智力资本概念的提出和理论体系的形成是知识经济时代的必然产物,是经济发展进程中资源要素不断演进的结果,也是对人力资本理论和经济增长理论的进一步深化和拓展。

第一节 智力资本的概念与发展

一、智力资本的内涵

智力资本这一概念最早由西尼尔(Senior)于 1836 年作为人力资本的同义词来使用,认为智力资本是人类拥有的知识和技能的总和①。

1969 年,美国经济学家加尔布雷斯(John Kenneth Calbraith)首次明确提出了不同于人力资本的智力资本概念。他指出,智力资本(Intellectual Capital,简称 IC)不仅是指纯粹的知识形态的智

---

① Bontis, N. , "Assessing knowledge assets: A review of the models used to measure intellectual capital", *International Journal of Management Reviews*, Vol.3, 2001, pp. 41-60.

力,还包括智力活动。从这个意义上讲,智力资本不仅是纯知识的静态的无形资本,而且是一个有效组织并利用知识的动态过程,是一种实现组织目标的手段。① 由此将智力资本从人力资本的等同性中分离出来,并从更深层次将其范畴由一种静态资本扩展到一种动态资本,由个体层面延伸到组织层面。然而,他并没有给出智力资本的完整定义,也没有界定智力资本的内涵要素。

　　20 世纪 80 年代中期以来,智力资本逐渐受到学术界的广泛关注。最早系统地界定智力资本内涵的是美国学者托马斯·斯图尔特(Thomas A.Stewart)。他于 1991 年在其经典性论文《智力资本:如何成为美国最有价值的资产》中对智力资本的概念进行了全面阐述,指出智力资本已经成为美国最重要的资产。② 1994 年,他在《你的公司里最有价值的资产:智力资本》中进一步揭示了智力资本的高增值性和默会性,认为智力资本是使企业、组织或国家变得富有的最有价值的资产。③ 1997 年,他在《智力资本:组织的新财富》中提出,智力资本是每个人能为公司带来竞争优势的一切知识与能力的总和,即企业组织能够用来创造财富的集体智慧或智力资料,包括知识、信息、知识产权和经验等。④

　　英国学者安妮·布鲁金(Anni Brooking,1996)把智力资本归纳为"使公司得以运行的所有无形资产的总称。"用公式表示为

---

① 　[美]约翰·肯尼思·加尔布雷思:《权力的分析》,陶远华、苏世军译,河北人民出版社 1988 年版。

② 　Stewart,T.A.,"Brainpower:How Intellectual Capital Is Becoming American's Most Valuable Asset",*Fortune*,June 1991,p.40.

③ 　Stewart,"Your Company's Valuble AssetIntellectual Capital:,"*Fortune*,1994.

④ 　Stewart,T.A.,*Intellectual Capital:The New Wealth of Organizations*,Double day,1997,p.1.

"企业=有形资产+智力资本"。① 这一观点得到了许多学者的认同。

列夫·埃德文森(Lief Edvinsson,1997)认为,智力资本就是企业所拥有的支撑其获得市场竞争优势的专业知识、应用经验、职业技能、组织技术和顾客关系等。②

在国内,对智力资本概念的理解有两种观点,一种与上述国外宽泛的智力资本理解基本相似,如郝丽萍、黄福广(1999)认为,智力资本是企业的技能、诀窍、经验及创新能力的知识资源型资源。③ 芮明杰(2002)认为,从广义的角度看,智力资本是企业内所有因知识和智力的累积而形成的资源,如专利、规章制度、商标、诀窍、经验、价值体系等。④ 余绪缨(2004)认为,智力资本作为能带来价值增值的价值,从数量上看,是与依附于一定的载体而存在的各种形式的智力资产的总价值相对应的。⑤ 还有另外一些学者对智力资本给出了一个较为狭窄的界定,认为智力资本是智商高、专业知识资深、创新能力较强的智力人才型的价值表现(李玲,2000)。⑥ 谭劲松(2001)认为智力资本是人力资本的核心,是高级

① [英]安妮·布鲁金:《智力资本——第三资源的应用与管理》,赵洁平译,东北财经大学出版社2003年版,第13页。

② Edvinsson, L. & MS. Malone, *Intellectual capital : realizing your company's true value by finding its hidden brainpower*, New York : Harper Business, 1997.

③ 郝丽萍、黄福广:《企业的智力资本与企业发展》,《天津大学学报》(社会科学版)1999年第4期。

④ 芮明杰、郭玉林:《智力资本激励的制度安排》,《中国工业经济》2001年第9期。

⑤ 余绪缨:《智力资产与智力资本会计的几个理论问题》,《经济学家》2004年第4期。

⑥ 李玲:《智力资本对经济增长的贡献分析》,《中央财经大学学报》2000年第3期。

的人力资本,即拥有科研创新能力与资源配置能力的人力资本。①

本书认同李平(2005)对于智力资本概念的界定:一般来说,智力资本是组织拥有的、符合组织战略发展需要的、能够为组织创造价值、形成竞争优势的无形资产,以组织所拥有的知识为存在载体,实质是组织将资源转换为价值的能力。②

二、智力资本的构成

在智力资本的构成问题上,不同的研究者从不同的角度出发,主要形成了以下几种有代表性的分类与构成理论。对于智力资本的结构组成,在第一章第二节国外智力资本研究综述中有比较具体的总结。

综观各学者的观点可以看出,关于智力资本结构的划分有两因素论、三因素论、四因素论、五因素论和六因素论等,他们所包含的具体内容有较大的相似性,只是划分的层次和逻辑关系有所不同。综合不同的观点,本书将区域智力资本划分为区域人力资本、区域结构资本、区域关系资本和区域创新资本四要素,并以此为基础构建区域智力资本评价指标体系。

三、智力资本的特征

(一)高度增值性

资本的一个根本属性就是它具有增值性,能够带来剩余价值。智力资本作为一种资本,自然也具备这一属性。但是,智力资本与

---

①　谭劲松:《智力资本会计研究》,中国财政经济出版 2001 年版。

②　李平、刘希宋:《知识经济时代的企业智力资本开发》,《中国人力资源开发》2005 年第 6 期。

非智力资本相比,其增值性远高于非智力资本。智力资本的增值性来源于智力资本的竞争性和迅速膨胀性,因此它具有其他任何非智力资本无法比拟的优势,它具有很强的独立性,不需要进行资本的原始积累,就可以迅速成长和膨胀。

(二)长期受益性

智力资本一旦形成,其所有者可以长期收益甚至终生受益,尤其是基本知识的积累以及基本规律的把握。智力资本的长期受益性不仅表现为它能给智力资本所有者带来经济上的收益,而且也能给其带来精神上的收益,这主要体现在智力资本所有者创造出新的智力成果,在获取经济收益的同时可以得到别人的尊重,获得精神上的快乐。这里正好体现了马斯洛的需求层次理论,也就是说,智力资本既可以使其所有者获得低层次的需求,也可以获得高层次的需求。

(三)收益递增性

智力资本与其他物质资本相比有一个显著差别,即智力资本具有收益递增性。对于一般物质资源来说,普遍存在着投资的收益递减规律。智力资本的收益递增性指的是对于某一特定智力资本的投资来说,随着投资的持续增加,收益不但不会减少,反而会逐渐增加。① 这是因为智力资本活动中利用的是知识资源,而知识本身就具有可再生和永续利用的特性。

(四)高风险性

相比较其他资产流失的可能性来看,智力资本的流失风险给企业带来的不确定性最大。首先,高技术企业是拥有智力资本最

① 李浩:《企业技术创新中智力资本价值实现研究》,博士学位论文,大连理工大学,2004 年。

多的企业,其拥有大量智力资本的目的是为了获得创新收益,而创新收益本身就是一种高风险收益。其次,智力资本依赖于人的大脑而存在,智力资本的使用程度取决于智力资本所有者的工作态度,而不完全依赖于企业所有者或经营者,道德风险及逆向选择可能会使智力资本的回报率低于期望值。[①]再次,人才的流动性使得智力资本易于流失,智力资本一旦流失,将会给企业造成大量的沉没成本。

(五)流动性

与其他形式的资本一样,智力资本不仅表现为静态且无形的知识资源,而且表现为对知识资源的有效管理和利用的动态过程,即智力活动。[②]因此,智力资本是在企业业务流程和在价值创造过程中不断循环流动的,智力资本也只有在这种循环流动中才能为企业创造价值,静止的知识资源是不能为企业带来价值的。这说明智力资本不仅具有静态性和无形性,而且也具有动态性和流动性。

(六)依附性

智力资本的依附性指智力资本都必须依附于一定的载体。一种是对知识权属主体的依附,由于智力资本是由人们的知识和经验所组成的,存在于人脑之中或组织的默契之中,因此,智力资本与知识权属主体是不可分割的。另一种是对社会环境的依附,一般来说,社会环境越好,智力资本的作用发挥得越充分。可见,智力资本不能离开载体独立存在,可以说没有智力资本的载体,也就

---

① 李浩:《企业技术创新中智力资本价值实现研究》,大连理工大学2004年博士论文。

② 李浩:《企业技术创新中智力资本价值实现研究》,大连理工大学2004年博士论文。

没有智力资本。

四、智力资本的功能

（一）智力资本的价值创造功能

当前世界经济正在从农业经济、工业经济向知识经济时代转变，知识将逐步取代资本、劳动和土地等传统生产要素的主要地位，成为国家、区域以及企业发展的最主要的经济资源，产业发展形态也随之由劳动密集型（人力为主体）、资本密集型（财力为主体）向知识密集型（智力为主体）转化。从资本的价值来看，智力作为资本具有创造新价值的功能。智力通过智力劳动对知识开发和管理，使知识升华和升值，创造出新的智力成果，即新的价值。智力资本创造价值与一般的体力劳动创造价值的过程不同，智力劳动运用的是脑力，是知识的转化，而不是物质能量的转化。由此可见，智力资本是价值创造的原始驱动力。对于一个区域而言，专业技能等个体因素、结构优化等组织结构因素以及社会文化因素等智力资本的其他元素，为区域价值创造提供了生产和消费基础。一个区域智力资本越强越大，在其他条件充分的情况下，区域产业规模就会越大，产业结构优化与升级就会越显著，区域价值体系也扩展得越快。对于一个企业来说，企业结构优化、规模经济、管理水平提高等企业发展的关键因素，正是智力资本中包含的人力资本、结构资本和关系资本发挥作用的重要方面，这也正是企业创造利润的源泉。也就是说，智力资本是企业进行价值创造的源泉。

（二）智力资本的竞争优势创造功能

智力资本决定国家和区域的综合竞争力，如果一个国家或区域能够充分发挥智力资本的作用，那么就能够在综合国力或区域竞争力中获取优势。以智力资本为主体的知识创造、积累、共享和运用将成为知识经济时代国家和区域发展的核心驱动力,智力资本的积累和流通将成为知识型产业发展的基础。人力资源是生产力诸要素中的第一要素,区域人力资本的数量和质量决定了该区域竞争力。传统的提高区域竞争力的途径主要有两方面,一是增加人力资源总量,二是改善生产关系或优化运行机制,进行制度创新。资源的稀缺性和有限性决定了前者不可能无限延伸,生产关系的改变则是生产力水平长期持续提高的结果,是一个漫长的社会变革的过程。随着知识经济时代的来临,人力资源正从人力资本走向智力资本,区域智力资本的总量大小和素质高低决定了区域竞争力的强弱,通过提高人力资源的智力水平,即通过智力资本总量的增加和智力资本素质的提高来增强区域竞争力是周期最短、成本最低的有效途径。高质量的智力资本投入为产业技术创新提供了可能,一旦技术发明和技术创新得以产业化,形成创新资本,就可以为区域产业创造资源和产品的竞争优势。对于企业而言,智力资本作为企业创造价值的重要手段,是企业创新性和前瞻性的综合体现,更是企业持续保持竞争优势的关键。

(三)智力资本的可持续发展能力创造功能

智力资本作为知识经济时代的主要资本,与非智力资本相比,有其自身的特点。从价值创造功能上来看,智力资本具有高度增值性,并且这种增值能够带来剩余价值,还会处于递增状态。在传统的物质经济形态,即农业经济和工业经济中,人类利用的是物质、能量等自然资源,这些资源大都具有不可再生性,并且其过度使用会导致生态环境的破坏和物质能源的损耗和短缺,使得资源利用的总体效益呈递减状态。而在知识经济形态中,人类创造财富的主要资源是知识,智力资本通过脑力劳动对知识进行有效管理和使用,使得知识转化与升值,创造出新的价值。在这一智力活动中,所使用的知识资源具有可再生、可共享、可永续使用等特性,使得资源利用的总体效益呈递增状态,并且大大降低了对物质资源的消耗和对自然环境的压力。从智力成果受益的时效上来看,智力资本一旦形成并创造出智力成果,智力资本所有者就可以长期受益甚至可以终身受益。由此可见,智力资本还具有可持续发展能力的创造功能,其开发和使用为区域经济与生态的可持续发展提供了重要条件。

五、相关概念辨析

由于智力资本概念的复杂性,智力资本与人力资本、知识资本、无形资产等概念之间有一些重叠部分是很明显的,但是它们之间的关系却并不简单,并远没有得到清晰的考察论证。对这些概念进行比较,分析它们的联系与区别,界定其共性和特征,是进一步理解智力资本含义,构建智力资本理论体系的需要。

(一)智力资本与人力资本

人力资本是指存在于人体之中的具有经济价值的知识、技能和体力(健康状况)等质量因素之和。随着产业发展形态的转化,知识经济的不断发展,人力资本理论不断深化,智力资本理论应运而生。智力资本的提出是知识经济发展和人力资本理论深化的结果,智力资本理论将人力资本理论的研究视角拓展到了组织层面,在理论体系上两者具有一定的传承性,可以说智力资本是人力资本研究范围和方法的拓展和深化。

人力资本理论是在解释"经济增长之谜"的历史背景下,由美国经济学家舒尔茨和贝克尔提出的,代表着经济增长理论的新突破。智力资本理论的产生基于两个背景:一是在对人力资本的研究中发现,智力比体力更具有经济增值作用,是经济增长中的关键因素;二是在知识经济的发展进程中,企业的市场价值远远高于其账面价值,企业的无形资本是其增值的主要原因,人们将这部分无形资本称为智力资本。[①] 智力资本与人力资本相比较,在研究内容、侧重领域和研究目的等方面存在差异。智力资本的外延比人力资本大得多,但人力资本是智力资本的核心要素和主要载体,在一定程度上决定着智力资本的生命周期。

(二)智力资本与知识资本

智力资本(Intellectual Capital)概念引入我国以来,由于翻译方法不同,有人翻译为"智慧资本",也有人直接用"知识资本",造成知识资本与智力资本概念的混乱。有些学者认为智力资本与知识资本为同一种资本,也有其他学者认为两者含义有所不同。袁庆宏在其《企业智力资本管理》一书中认为"智力资本强调的是组织中一种潜在的应用知识与技能创造价值的能力,是一种聚合知识载体的能力,而不是知识本身。"[②]智力资本与知识资本之间是相互补充、互为因果的关系。知识资本可以被看作是公司所拥有的全部股本或以知识为基础的资产净值,是知识转换过程的最终结果,也可以被看成是转化为公司的知识产权和智力资产的知识本身。智力资本是指个人与团队能为企业带来价值和竞争优势的一切知识与能力的总和,可用以解释企业市场价值与财务报表的账面价值之间的差距。

知识资本以知识的多种形式动态存在,其外在表现形式分为显性和隐性两种。一般来说,智力资本强调的是知识的隐性方面和知识创新,而知识资本强调知识的显性方面,指凭借人的智能创

---

① 张小红:《智力资本及其管理研究》,中国农业科学出版社 2008 年版。
② 张小红:《智力资本及其管理研究》,中国农业科学出版社 2008 年版。

造的知识成果和产品。在知识经济时代,经济的发展离不开智力资本的扩张,而智力资本扩张所依附的载体是知识资本,智力资本在不断强化自身能力的基础上,给组织带来增值和收益,其价值才能真正得到证明和实现。

(三)智力资本与无形资产

无形资产是由特定主体所拥有,在生产经营中持续发挥作用,并可给企业带来收益的一种经济资源。财政部 2006 年 2 月 15 日颁布的《企业会计准则第 6 号——无形资产》中规定,无形资产包括专利权、非专利技术、商标权、著作权、土地使用权、特许权等。无形资产侧重于与实物资产的对应,而智力资本侧重整体。智力资本的构成包括人力资本、结构资本、关系资本和创新资本四要素。无形资产的构成大体上分为五个部分:(1)智力型无形资产。如专利、商标权、计算机软件、著作权和技术秘诀等。(2)人力型无形资产。如企业家素质、员工教育水平、业务技能和创新精神等。(3)管理型无形资产。如企业管理水平、质量认证体系和企业文化等。(4)市场型无形资产。如企业品牌、营销网络、顾客忠诚度、业务伙伴、售后服务和广告投入等。(5)权利型无形资产。如土地使用权、特许权、各种质量、销售等的许可证。

智力资本与无形资产的主要区别在于其内涵和定位,定位的不同造成其构成的不同。智力资本与无形资产有所交叉,智力资本和无形资产都包含人力资本,无形资产包含智力型无形资产,但智力资本包含的结构资本在无形资产中没有体现。一般来说,智力资本综合了人力资本和无形资产,兼具人力资本和无形资产的特征。

第二节　智力资本理论的演进

一、智力资本理论溯源

智力资本理论源于人力资本理论的深化和知识经济的发展。智力资本是在两个不同的背景下被提出的,一是在对人力资本理论的研究中,发现人力资本概念中的智力比体力更具有增值作用,于是就把智力资本从人力资本中抽取出来单独进行研究。研究结果表明,智力资本在经济增长中起着关键作用;二是人们对知识和无形资产对经济发展作用的关注和研究。在 20 世纪中期,随着知识经济时代到来,知识在社会经济发展过程中的作用日益凸显,许多技术(知识)密集型企业在财务报表中发现,企业的市场价值远远高出其账面价值,即有形的资产价值,物质资本对其最终产品或服务的贡献远远小于无形资本。研究发现,员工的知识和技能、高效的管理、品牌、忠诚度等无形资本是企业超值收益的主要来源。人们逐渐认识到,这些无形资本的总和应该称为智力资本。

智力资本的提出解释了知识经济发展的动力问题,在对知识经济的研究中引入智力的概念,使得人们对知识和智力的认识发生了根本性的改变。然而,人们并不是今天才注意到知识和智力的作用,人们对经济增长中的知识、能力、以及技术进步等因素已有长远的研究历史,人力资本理论的产生和发展就是最充分的说明。实际上,正是人力资本理论解释了长期困扰着人们的经济增长之谜,提出了人力资本是经济增长的根本动力,指出人们的知识、能力、健康等人力资本的提高对经济增长的贡献比物质资本、劳动力数量的增加重要得多。人们对人力资本的认识由浅入深,逐步形成了一套比较完善的人力资本理论。

人力资本思想源远流长,最早谈及人力资本思想的是经济学家亚当·斯密(Adam Smith)。他在《国富论》(1776)中不仅研究了物质资本的积累对财富增长的作用,也探讨了劳动者的知识和技能在创造财富和增加财富中的作用。他提出,人的能力主要是后天实践和开发的结果,而且明确地把经过教育而获得的生产技能归为资本。这被认为是人力资本投资的萌芽思想。①

美国经济学家舒尔茨(T.W.Schultz),在1960年美国经济学年会上发表了题为《论人力资本投资》的演说,提出人的知识、能力、健康等人力资本的提高对经济增长的贡献要比物质资本、劳动力数量的增加等因素重要得多。他还阐述了人力资本的概念与性质,并系统、深刻地论述了人力资本投资内容与途径、人力资本在经济增长中的关键作用等思想和观点。舒尔茨明确肯定了人的知识和技能就是一种资本,即人力资本。因而全面的资本概念应当包括人和物两个方面,即人力资本和物力资本。舒尔茨提出人力资本因素的主要原因是为解释一国的"经济增长之谜",由他开创的人力资本理论,已经成为现代经济发展理论研究的主流。②

美国学者明塞尔(J.Mincer, 1957)从收入分配领域进行了人力资本理论构建的研究。进入20世纪后,美国等一些西方国家出现了个人收入差距逐渐缩小的变化趋势,明塞尔在其博士论文《个人收入分配研究》中研究了美国的这一现象,并且指出个人收入增长与收入分配差距的缩小的根本原因在于人们受教育水平的

---

① 亚当·斯密:《国民财富的性质和原因的研究》(上卷),商务印书馆1991年版,第317—318页。

② 西奥多·W.舒尔茨论:《人力资本投资》,北京经济学院出版社1990年版,第3页。

普遍提高,是人力资本投资的结果。[①]

1963 年,加里·贝克尔(G.S.Beker)在其代表作《人力资本》一书中,从家庭生产和个人资源(特别是时间)分配角度系统阐述了人力资本与个人收入分配的关系。他认为,"人力资本不仅意味着才干、知识和技术,而且还意味着时间、健康和寿命"(贝克尔,1987)。[②] 但是他没有明确提出人力资本的概念,缺乏对人力资本本质和全面的研究。

20 世纪 80 年代后期开始,以知识经济为背景的新经济增长理论兴起,人力资本理论掀起了又一轮研究高潮。美国经济学家保罗·罗默(Paul Romer)和卢卡斯(Robert Lucas)提出了将人力资本作为独立内生变量的新经济增长模型,以不同于以往研究人力资本的视角和思路,推动人力资本理论发展到了一个崭新的高度。1986 年,罗默发表了《收益递增与经济增长》一文,提出了两个经济增长模型:简单的两时期模型和简单的两部门模型。1990年,罗默在《内生的技术变化》一文中又构造了一个包括研究开发部门、中间产品部门和最终产品部门在内的增长模型。1988 年,卢卡斯在其发表的《论经济发展的机制》一文中构建了人力资本积累增长模型,从新的角度论释了经济增长的内在机制。

人力资本理论的发展为智力资本的提出和理论的形成作好了充分的思想和理论准备。在人力资本理论中,人力资本就包括了体力和智力两个主要方面,智力作为人力资本的重要组成内容,在西方已经逐渐被社会认可。在知识经济迅猛发展的过程中,人力资本理论将研究重点突出在人力的智力方面,把人的智力作为财

---

① 　J.Mincer,*A study of Personal Income Distribution*,Columbia University,1957.

② 　加里·S.贝克尔:《人力资本》,北京大学出版社 1987 年版。

富的源泉,提出企业的无形资产价值是市场价值增值的主要原因,诠释了知识经济时代企业发展的动力问题。因此,智力资本理论是人力资本理论在知识经济时代发展的必然结果。

二、智力资本理论的提出

经济学的经济增长理论中对人力资本贡献的分析,使人们认识到,人力资本与知识积累导致技术变革,构成了经济增长的原动力,从而引起西方经济学家对人力资本和知识创新活动的研究兴趣。彼得·德鲁克(Peter F.Drucker,1992)认为"从现在起,最关键的是知识。世界正变得不是劳动密集,不是物质资料密集,不是能源密集,而是知识密集""知识已成为关键的经济资源,而且是竞争优势的主导性来源,甚至可能是唯一的来源""我们正进入知识社会,这是一个以知识为核心的社会,智力资本已成为社会最重要的资源"①。霍斯金林(Hoskisson)、希特(Hitt)(1999)和斯彭德(Spender,1996)也认为知识是企业获得竞争优势的关键性资源。

新经济的出现和人力资本理论的进一步深化,推动以知识为基础的企业理论的一个重要分支—智力资本理论发展起来。其代表人物为加尔布雷思(Galbrainth)、列夫·埃德文森、帕特里克·沙利文、斯图尔特和斯维比(Sullivan)等人。1969年加尔布雷思首次给出智力资本一词的定义,认为智力资本不仅仅是一种静态的无形资产,还是有效利用知识的过程,一种实现目标的手段。虽然他没有给智力资本下一个完整的定义,也没有界定智力资本的

---

① Romer.P.M,"Increasing returns and Long-run grouth",*Journal of Political Economy*,Vol. 94,1986,pp. 1002-1037.

内涵因素,但却开创了研究智力资本的先河。艾德文森在公司智力资本管理报告中指出,智力资本就是对企业市场竞争力做出贡献的专业知识、应用经验、组织技术、顾客关系和职业技巧,等于公司市值与其账面价值之差。斯图尔特最早界定了智力资本的内涵,他认为"智力资本已经成为美国最重要的资产"①"智力资本是公司中所有成员所知晓的能为企业在市场上获得竞争优势的事物之和",包括员工的知识技能、顾客忠诚、企业文化、制度和企业运作过程中的集体知识、经验等相关"软"资产。② 沙利文则认为智力资本是可以转化为利润的知识。③ 以上代表人物都是从分析智力资本结构的微观角度来阐述人力资本理论,揭示了人力资本与结构资本之间的互动关系,为人力资本理论的研究开辟了新的视角,标志着人力资本理论研究进入了一个全新的阶段。智力资本理论就是将人力资本理论在微观层面上的拓展、运用与深化,强调人力资本价值的实现必须有相应的结构资本支持,即通过制度安排和组织安排来促进人力资本的积累和价值的实现,从而提出在企业经营管理中应重视结构资本的建设与维护。因此,智力资本理论的提出为理解现代企业,尤其是企业知识的创新、传递、利用和保护,提供了一个新的理论框架,从而对企业管理理论的基石产生重大影响。

三、智力资本理论的发展

国外智力资本理论的研究大致分为三个阶段。

---

①　高新才、滕堂伟:《西北区域经济发展蓝皮书——甘肃卷》,人民出版社2008年版。

②　李国璋:《软投入及产出数量分析》,甘肃科学技术出版社1995年版。

③　[美]帕特里克·沙利文:《价值驱动的智力资本》,赵亮译,华夏出版社2002年版。

第一阶段主要是关于智力资本思想和要素构成方面的研究。1969 年,美国学者加尔布雷思(John Kenneth Calbraith)首次提出了不同于人力资本的智力资本概念,他认为:"智力资本在本质上不仅仅是一种静态的无形资产,而是一种思想形态的过程,是一种达到目的的方法。"可见,他认为的智力资本中的智力不再是"纯粹智力"的含义,而是体现为一种智力性活动。美国学者托马斯·斯图尔特(Thomas A.Stewart)系统地界定了智力资本的内涵和内容,并论证了智力资本的高增值性和默会性。他指出:"公司中所有成员所知晓的能力为企业在市场上获得竞争优势的事物之和",智力资本体现在人力资本、结构资本和顾客资本之中。瑞典的卡尔·艾里克·斯维比认为,智力资本是企业一种以相对无限的知识为基础的无形资产,包括雇员能力、内部结构性资产和外部结构性资产,它是企业的核心竞争力。英国学者安妮·布鲁金认为智力资本是"对使公司得以运行的所有无形资产的总称",包括市场资产、知识产权资产、人才资产和基础结构资产。① 美国密歇根大学商学院教授乌尔里奇(Dave Uirith)认为企业的智力资本是其成员的能力与认同感的乘积,用公式表示为"智力资本=能力×认同感"。埃德文森沙利文认为,企业的智力资本是企业真正的市场价值与账面价值之间的差距。Bontis(1998)将智力资本定义为"个人、企业、研究机构、社区和区域所拥有的隐性价值,它们是当前和未来财富创造的源泉。"安德瑞森(Andriessen)等(2005)认为智力资本是"国家或区域可以利用的所有无形资源,它能够产生比较优势,通过整合能够创造未来的利益。"

---

① [英]安妮·布鲁金:《智力资本——第三资源的应用与管理》,赵洁平译,东北财经大学出版社 2003 年版,第 13 页。

　　第二阶段主要是对智力资本的识别评估和计量进行研究。R.
S.卡普兰等人在 20 世纪 90 年代提出了以评价企业无形资产为目
的的"综合记分卡",挑战了仅依靠业绩的财务衡量方法及监督控
制体系评价企业竞争力的传统方法。卡普兰在阐述综合记分卡时
并没有直接提到"智力资本"的概念,但他的思想与安妮·布鲁金
的智力资本评价体系是一致的。安妮·布鲁金(1996)对 20 个覆
盖公司智力资本四个主要领域的问题进行了特征分析,以此为基
础运用净现值 NPV 对智力资本的价值进行评估。埃德文森和马
龙(1997)运用 164 个指标对智力资本进行测量。卢斯、德拉戈内
蒂和埃德文森(1997)把所有指标对智力资本各个方面的测量结
果统一成一个指数,指数的改变代表着公司市场价值的改变。斯
威比(1997)建议对智力资本的增长,效率和稳定性三个方面进行
测量。斯图尔特(1997)计算了与智力资本相关联的企业利润值。
麦克弗森(McPherson)(1998)运用分级指标对智力资本进行测
量,所得的结果是相对值而不是绝对值。列弗(Lev)(1999)计算
了实际收人与通过账面资产获得的收入的差值,由此计算出智力
资本所带来的收入。安德瑞森和台森(Tiessen)(2000)分别测量
了以下几个方面的价值:技能和隐性知识,组织规范,技术和显性
知识,主要的管理过程。他还总结了测量智力资本的 30 种方法,
对其中的 25 种进行了讨论,认为这些测量方法可以根据测量目的
的不同分作三类:提高内部的管理、提高外部的报告能力、市场交
易动机。沙利文(2000)评估了知识产权的价值。以提高内部管
理为目的的评价的方法包括 EVA(Stewart,1994)、Market-to-book
比率(Stewart,1997)、Tobin's Q(Stewart,1997)、智力资本审计
(Brooking,1996)、平衡计分卡(Kaplan 和 Norton,1992)、Skandia
智力资本年报(Edvinson,1996)等;以提高外部报告为目的的评价

方法包括 EVA、Market-to-book 比率、Tobin's Q 和智力资本系数（Roos 等,1997）等;以市场交易为动机的评价方法则主要为成本、市场和收入方法（Reilly 等,1999）。以提高内部管理的评价方法主要涉及如何对无形资产进行管理,如何保证战略的实施,如何对战略实施效果进行评价。以提高外部报告能力为动机的评价方法涉及如何使股东了解企业实际价值和未来绩效的信息,降低信息的不对称,提高公司声望和影响股票市场价格。而市场交易为动机的评价则主要涉及知识产权的购买、售卖和许可。

第三阶段主要对智力资本管理进行研究。智力资本管理的研究可以分为三类:智力资本运营过程管理、智力资本的评价管理、智力资本对企业价值的贡献研究。在智力资本运营过程管理方面,埃德文森(1996)指出智力资本应在以下三方面加强管理:促成企业人力资本的创新活动,结构性资本与创新结合以促成创新的商品化,以及提高企业利用知识产权的能力。并将促进智力资本管理的要素归结为:领导、文化或行为沟通、技术或流程、创新或认知,以及能力和结构等。斯图尔特(1994)则讨论了如何在员工、顾客忠诚和包含在企业文化、制度和经营流程中的集体知识中发现和培育智力资本。胡德森(1997)认为智力资本的建立、加强与使用应重在创造性思维的培养与传递,尤其在信息时代应重视企业的沟通网络、组织网络的建设,营造好的环境以促进企业的创造性。格林汉姆(Graham)和文森特(Vincent)指出,智力资本管理的本质是在创造性活动和纪律约束之间的平衡能力。在智力资本的评价管理方面,智力资本的评价管理即依据建立的智力资本评价模型进行相应的智力资本管理。埃德文森(1996)认为通过无形资产的使用可以建立一种关系和互动来激励价值的创造,并且管理的首要责任就是将人力资本转化为组织资本或结构资本。斯威尔(1997)通过建立一个无形资产监视器,将智力资本的三个部分(人力资本、客户资本和组织资本)分别按照成长、更新、效率、稳定性和风险进行考察,并用非财务的指标来记录智力资本的三个方面。斯图尔特(1997)则通过建立智力资本浏览器来使一个公司的智力资本形象化,并且分别以人力资本、组织资本或结构资本、客户社会资本为坐标轴帮助企业管理自身的智力资本。平衡计分卡是另一个测量和管理智力资本的工具,平衡计分卡发展的模型不仅可以给外部股东提供企业无形资产的信息,同样可以用来控制内部的无形资产(Kaufmann,Schneider,2004)。关于智力资本对企业的价值贡献方面的研究主要有:邦提斯(2000)对马来西亚服务业的智力资本组成部分即人力资本、客户与社会资本和组织资本或结构资本之间的相互关系,以及他们对企业绩效的关系进行了研究,认为人力资本对客户与社会资本有积极的作用,人力资本与组织资本或结构资本的关系在不同的企业有不同的表现,客户与社会资本与组织资本或结构资本呈显著的正相关关系,组织资本或结构资本对企业绩效有积极正向作用;艾哈迈德·里亚希和贝克奥伊(Belkaoui)(2003)以1987—1991年企业的相对增值为自变量,以1992—1996年的企业相对增值为因变量,对美国81家跨国公司的智力资本与绩效进行研究,发现智力资本在美国的跨国公司中起了重要作用;菲雷(2003)对南非企业智力增值系数VAIC(Value Added Intellectual Coefficient)的三个组成部分,即人力资本增值系数、物质资本增值系数、组织资本或结构资本增值系数与企业绩效(获利能力、生产率、市场评价)的关系进行了实证研究,结果发现物质资本与企业的市场评价有积极的正向关系,组织资本或结构资本对企业的获利能力也有正向促进作用,而人力资本在南非的企业中并没有扮演积极的促进作用。智力资本和企业绩效研究,更多的是相关性研究,探讨因果关系的研究相对较少,而且也缺乏智力资本对企业价值贡献度的研究。

第三节　区域智力资本相关理论

区域智力资本的多学科本质使其面临各种各样的挑战,有些学者从人力资本理论、经济增长理论、自组织理论、知识产权理论、资本市场理论等视角对智力资本进行了研究,但是仍然存在学术研究的分隔问题,对区域智力资本进行跨学科交叉研究是其面临的挑战之一。

一、人力资本与经济增长理论

20 世纪 40 年代前后,哈罗德和多马从凯恩斯的理论框架出发,各自独立地建构了考察经济增长的理论模型,由于两人的基本分析结构是类似的,因此他们的研究成果被合称为哈罗德—多马模型。

在哈罗德—多马模型中,并没有对劳动力的异质性进行说明。限定了技术进步是保持不变的条件下,仅把劳动的投入用劳动力数量的多少来表示,这点与古典增长并没有什么差别。当然,哈罗德—多马把经济增长率描述成储蓄率和资本产出率的比值,如果要保持增长的稳定,这个增长率还必须与人口的自然增长率相等,这已经是从方法上大大改变了古典经济增长的研究。①

哈罗德在经济增长理论方面的一个重要贡献,是他强调企业

---

① 徐国辉:《人力资本与经济增长理论综述及启示》,《科技信息》2010 年第 9 期。

家的预期在经济增长中的重要作用,体现了人力资本思想。凯恩斯是强调企业家预期具有重要的宏观效应的第一人,哈罗德将凯恩斯的这一思想应用到增长理论的研究当中,企业家的投资预期决定了经济能否以有保证的增长率增长。企业家预期的资本产出比与实际的资本产出比的差距,将造成经济发生大起大落的波动,使经济持续稳定的增长无法维持。

二、新古典经济模型——索洛模型

新古典增长模型的代表人物是索洛,索洛模型源于对哈罗德—多马模型的修正。为了克服哈罗德—多马模型经济运行剧烈波动的局限性,索洛(Solow,1956)和斯旺(Swan,1956)最早提出了一类新的增长模型。与哈罗德模型不同的是,索洛模型不再要求生产使用的资本—劳动比例固定不变,而是假设要素之间可以替代。同时,索洛等人还认为:从长远的角度来看,技术进步才是经济增长的决定因素。索洛首先将储蓄率或投资率看作是外生变量,产出—资本比率看作是内生变量,然后提出了经济增长模型的新古典假设。

20世纪50、60年代,新古典经济增长理论与现代人力资本理论几乎同时萌芽和发展。新古典经济增长理论的主要突破是将人力资本作为一个新的分析变量,它是把人均产出增长中由技术进步引起的那部分和由人均资本占有量的变化所引起的部分分开的一种新方法。在利用新古典增长方程,分析经济增长中的人力资本的贡献时,往往是将资本广义化,对人力资本采用对等于物质资本的处理方法,将人力资本纳入新古典分析的框架之内。加入了人力资本的新古典增长模型,改变了单纯物质资本与原始劳动力的简单解释,从而得到生产力增长中技术进步要素定量化的概念。因此,在解释经济增长的源泉方面,新古典经济增长模型增加人力资本概念,是一个重大的进步。

三、新经济增长理论

(一)罗默的知识溢出模型和内生技术变化模型

罗默模型是在对索洛模型修正的基础上提出的。罗默认为,索洛模型在理论、假定条件等方面,都存在着许多不完善的地方,主要是模型过于简单化,如模型中认为资本、劳动和知识以外的投入品是相对不重要的,忽视了土地和其他自然资源。同时,模型认为时间不直接进入生产函数,即只有在生产投入变化时,产量才随时间变化。此外,它缺乏现实性,只要单一的产品,缺乏对政府、就业波动的描述,并假定储蓄率、折旧率、人口增长和技术进步率都不发生变化。同时对劳动的有效性处理也是不妥当的,认为劳动有效性的增长是外生的,然而劳动有效性应该说恰恰是该模型认定的增长的驱动力。在对一系列缺陷进行修正的基础上,罗默提出了知识溢出模型和内生技术变化模型。

罗默在对索洛模型的分析中发现,对增长起决定作用的因素有两个,一个是资本,另一个是"劳动的有效性"。而后者在索洛模型中的分析是模糊的,没有明确所指,并且又是被看作外生变量而存在的。由此,罗默对"劳动的有效性"进行了分析,提出增长的原始动力是知识积累,资本是增长的关键,资本中包括了人力资本。

罗默(Romer,1986)在知识溢出模型中,将知识作为一个独立的要素引入生产函数,因为知识不同于普通商品,它不具有完全的排他性,也就是说具有"溢出效应",所以特殊的知识和专业化的人力资本是经济增长的主要因素。根据罗默的观点,技术作为一种知识或技能,可以被多人同时使用或拥有,即区别于独享性的普通商品,技术是一种非独享性商品,技术(知识)的外部性完全可以保证产出相对资本与劳动的弹性大于 1，因而资本的边际收益由递减转变为递增，人均收入的增长随时间而递增，经济增长表现为发散的过程。知识溢出模型为：

$$Q_i = F(K_i, k, X_i)$$

其中，Q_i 为厂商 i 的产出水平，F 为一切厂商的连续微分生产函数，大 K 为厂商 i 生产某产品的专业化知识，小 k 为一切厂商均可利用的一般知识，X_i 为厂商 i 的物质资本和劳动等最佳要素投入的总和。从模型可以看出，人力资本是影响经济增长的关键因素，人力资本丰裕的经济体，其增长也较快。

内生技术变化模型由罗默（Romer, 1990）在其 1986 年收益递增模型的基础上提出。在这一模型中，他将劳动划分为简单劳动和熟练劳动（即人力资本）两类，并且假设知识的生产依赖于人力资本的投入和现有的知识存量。其主要结论包括：（1）经济增长不再依赖于知识的溢出效应，保证经济持续增长、克服资本积累过程中受益递减问题的关键是生产过程中必须不断引进新投入品（其中包括新知识，它需要由研发部门提供设计思想）。（2）知识的作用体现在导致新技术的产生和促进知识的积累两方面。（3）经济增长率取决于人力资本水平，人力资本水平越高，经济增长率就越高。罗默的新增长模型的意义在于将知识作为一个独立要素纳入经济增长模式，并且认为知识积累是促进现代经济增长的重要因素。对于个别厂商来说，这种人力资本本身产生的递增收益还会形成垄断利润，进而为新产品的研发提供资金来源。对于全社会来说，这种人力资本本身产生的递增收益是经济能长期均衡稳定增长的保证和主要源泉。[①]

---

① 朱保华：《新经济增长理论》，上海财金大学出版社 1999 年版。

(二)卢卡斯的人力资本溢出模型

在卢卡斯看来,技术进步是通过人的素质的提高及人力资本的增加推动经济增长。人力资本既有内部效应,又有外部效应。所谓内部效应是指人力资本的拥有者从人力资本的增加中获益,提高自身的生产率,而外部效应是指人力资本的增长使其他人受益。人力资本的外部效应是卢卡斯首先提出的一个概念,他将这一概念的含义形象的表达为:如果你很聪明,那么你周围的人也将比较聪明。卢卡斯应用丹尼森的估算结果,近似的给出了一个外部性数字的例子。"我同事的平均人力资本提高 10%,我的生产率提高 3.6%","人类的整个智慧发展史其实就是外部效应传播史"(卢卡斯,1988)。卢卡斯认为,人力资本的外部效应是普遍存在的。城市工人的生产率之所以高于农村工人,就是由于城市工人可以从社会交往中无偿的获得更多的有用信息。卢卡斯模型假定经济中有两个部门:物质生产部门和教育部门,其中生产人力资本的教育部门是保证经济实现快速增长的关键部门。人力资本的外部效应的存在导致经济的总量生产函数呈现出规模收益递增的性质,使经济在实现增长的同时伴随着资本深化的过程。人力资本溢出模型的生产函数形式为:

$$L_t C_t + K_t = A_t K_t^{\alpha} [u_t h_t L_t]^{1-\alpha} h_t^{\beta}$$

其中,公式左边为总产出,L_t、C_t 和 K_t 分别表示就业人口、实际人均消费以及物质资本增长率;技术水平 A 假定不变;h_t 表示平均人力资本存量水平,h_t^{β} 用以表示人力资本的外部效应;μ 为具有人力资本存量的劳动者用于生产的劳动时间在总时间中所占的比例,介于 0 和 1 之间;$u_t h_t L_t$ 为卢卡斯所说的有效劳动,即人力资本存量 H;α 和 β 分别表示物质资本和人力资本的产出弹性。人力资本增长率用 $d(h_t)/d_t = gh(1-u)$ 表示,g 为常数。

除了假定存在全经济范围的人力资本外部性之外,卢卡斯假定经济存在两个部门:消费品及物质资本生产部门与人力资本生产部门。人力资本的生产技术被假定为与投入该部门的人力资本规模呈线性关系,即 $H = \theta \cdot H_2$,物质资本生产部门则在人力资本外部性作用下显示出收益递增现象。

在卢卡斯模型中,人力资本生产部门是一个关键部门,由于该部门采用的是线性生产技术,即使不存在人力资本的溢出,经济也会无限增长。卢卡斯通过假定存在全经济范围的人力资本溢出,使经济在实现持续增长的同时伴随着资本深化过程。因此在卢卡斯模型中,人力资本的内部效应和外部效应对于理解经济的实际增长进程都是很重要的。[①]

(三)宇泽模型

宇泽弘文(Uzawa, H.)1965 年在《经济增长总量模式中的最有技术变化》一文中,运用两部门模型结构,描述了一个人力资本和物质资本都能生产的最优增长模型。宇泽模型的最重要贡献是将索罗模型的外生技术进步解释为内生技术变化提供了一个可能的尝试,这种思想成为卢卡斯人力资本积累增长模型以及罗默内生技术变化模型的重要理论基础。宇泽模型的基本思路是:技术变化源于专门生产思想的教育部门,假定社会配置一定的资源到教育部门,则会产生新知识(人力资本),而新知识会提高生产率并被其他部门零成本获取,进而提高生产部门的产出。因而,在宇泽模型中,无须外在的"增长发动机",仅由于人力资本的积累就能导致人均收入的持续增长。遗憾的是,在宇泽模型中,人均产出的增长率最终取决于人口或劳动力的自然增长率,仍难免阿罗模

----

① 朱保华:《新经济增长理论》,上海财金大学出版社 1999 年版。

型一样令人不十分满意的结果。尽管这样,由于引进了教育部门,为技术变化提供了一个内生的解释,其影响又是深远的。

宇泽模型(1965)是继阿罗(1962)首次将技术进步内生化后,运用人力资本的概念所作的模型。宇泽模型显然受到了舒尔茨(1962)人力资本概念提出的影响,宇泽弘文的做法是假定经济中存在人力资本积累部门——教育部门。教育部门以线性生产技术生产人力资本,人力资本的不断积累保证经济能够持续增长。人力资本在宇泽模型中的作用与外生技术进步在新古典增长模型中的作用一样,两者都导致有效劳动量的增加,从而使物质资本积累不再呈现递减趋势,经济将以不变比率持续增长。

(四)舒尔茨模型

人力资本理论的产生与美国著名经济学家舒尔茨(Shultz,T.)的贡献是分不开的。1961年舒尔茨在《人力资本投资》一文中指出,同质资本的简单化假设对资本理论是一个灾难,并首次区分了物质资本和人力资本,把增长余值归功于人力资本投资。1968年舒尔茨在《制度和不断增长的人的经济价值》一文中,扩展了他对人力资本所做过的纯经济分析,把人力资本积累、人的经济价值上升与制度联系起来。

1986年舒尔茨提交给耶鲁经济增长第25届年会论文《为实现收益递增进行的专业化人力资本投资》,无疑是新增长理论迅速发展的一个直接动因。在该文中,舒尔茨重新提出A.杨1928年的经典论文,并将它大大发挥了一通。他认为从新古典微观经济学到索罗增长模式都是误导,存在两个严重缺陷:一是忽略增长过程中出现的不均衡性质及特点;二是忽略了企业家在处理这些不均衡性质时所做的贡献,结果经济分析完全封闭在收益递减的均衡状态之中,因而迟迟不能建立一个能够分析导致收益递减期间各种变化的增长理论。因而,舒尔茨强调,经济增长应该源自专业化、劳动分工和递增收益,尤其强调专业化的人力资本是递增收益的一个重要源泉,指出那些排除了这种人力资本的增长理论(它也排除了企业家对经济增长的贡献)是很不恰当的。舒尔茨拓展了斯密"制针厂的故事",强调分工的好处主要在于加速知识积累方面,而不在于物质设备的使用方面。指出由于分工、专业化人力资本积累带来的收益递增可以突破经济增长的任何限制,并且人力资本具有外部性,可以允许竞争性均衡的存在。由此,舒尔茨建立了两个重要观点:其一,一般均衡分析可以并且应该用来研究包含人力资本和递增收益在内的经济增长;其二,专业化、专业化的人力资本、收益递增和经济增长必定结伴而行。这就使得20世纪80年代产生的新增长理论更迅速、稳健地发展起来。

通过上述对经济增长理论的梳理可以发现,目前国内外学者关于智力资本在经济增长理论中的度量方面仍然存在一些较为突出的问题:

一是对智力资本的动态或者增量度量问题还没有得到解决。经济增长理论尽管在技术智力资本方面的度量已经取得了很大的进展,使技术智力资本的价格确定和参与剩余收益分配的问题得到了较好的解决,然而对这种作用的程度不能过高的评估。因为技术智力资本的功能与作用分为两个层次:①技术要素的明示知识;②技术要素的隐形知识。现有增长模型对显性的智力资本的贡献进行了度量,然而仍然没有解决隐性人力资本或者智力资本的贡献度量问题。尤其是缺乏对智力资本贡献过程的度量。为此,必须对智力资本贡献度量作进一步的深入分析。

二是对非货币人力资本价值如何度量问题仍然没有得到解决。由于在智力资本的构成中,最为核心的仍然是隐性人力资本,而结构资本和客户资本仅仅是作为智力资本的核心功能发挥的一种辅助性资本要素而存在的。结构资本和客户资本的价值和贡献一般易于度量,目前对人力资本价值和贡献进行度量的理论方法主要是存量人力资本贡献度量,而问题的关键是对非货币人力资本价值如何进行度量,非货币性价值模式解释货币指标所无法反映的人力资本中的能力、品格、事业心、工作热情和对企业的忠诚度等方面的信息,实际上也就是隐性人力资本价值的重要内容,其核心和关键仍然是如何度量隐性人力资本即智力资本的问题。

根据对国内外相关文献的了解,目前还没有取得实质性的突破,其主要原因就是非货币性价值模式所包含的内容具有很大的不确定性和复杂性,比较难以进行科学的量化。对动态的或隐性的人力资本价值进行价值度量,最难以确定的主要是对于动态的或者处于过程之中的人力资本的努力状况如何进行确认,以及在这一过程中人力资本可能或者应该具有的价值究竟是多少。这种智力资本的价值是增加还是减少,它的相应的市场价值应该是多少,在智力资本的市场价格与理论价格之间是否也存在一个相对平衡的价格比较,都应该在智力资本的价格模型中得到相应的说明。而现有增长模型似乎并不能解决这一问题。因此必须进行相应的调整和修正,对传统的增长模型进行进一步的补充与完善。

四、区域经济发展与自组织理论

(一)自组织理论

自组织理论是 20 世纪 60 年代末期开始建立并发展起来的一种系统理论,它的研究对象主要是复杂自组织系统的形成和发展机制问题,如生命系统或社会系统。自组织理论由耗散结构理论(Dissipative Structure)、协同论(Synergetics)、突变论(Catastrophe

Theory)和超循环理论(Super circle)组成,但基本思想和理论内核可以完全由耗散结构理论和协同论给出。耗散结构理论主要研究系统与环境之间的物质与能量交换关系及其对自组织系统的影响等问题。建立在与环境发生物质、能量交换关系基础上的结构即为耗散结构,如城市、区域、生命等。耗散结构出现的三个条件是远离平衡态、系统的开放性、系统内不同要素间存在非线性机制。远离平衡态,指系统内部各个区域的物质和能量分布是极不平衡的,差距很大。协同论主要研究系统内部各要素之间的协同机制,认为系统各要素之间的协同是自组织过程的基础,系统内各序参量之间的竞争和协同作用是使系统产生新结构的直接根源。

自组织的协同动力学方法论有三大要点:第一,在大量子系统存在的事物内部,在输入必要的物质、能量和信息的基础上,激励竞争,形成影响和相互作用的网络关系;第二,提倡合作,形成与竞争相抗衡的必要的张力,并不受干扰地让合作的某些优势自发地、自主地形成更大的优势;第三,一旦形成序参量后,要注意序参量的支配不能采取被组织方式进行,应按照体系的自组织过程在序参量支配的规律下组织系统的动力学过程。

(二)区域经济发展的自组织特性

在迅速变化的国际国内大环境下,知识经济时代的组织和系统需要一种能够保持竞争力的,可以产生和应用智力资本的发展模式。根据耗散结构理论,组织和系统要不断吸收外部的物质、信息和知识,与环境发展能量交换。自组织的方法论要求在研究复杂的区域经济活动的行为中,必须从整体出发,把发展看作是一个复杂的,而且是自组织演化的过程。区域经济发展要取得竞争优势,需要采用一整套创新、开发和应用智力资本的发展战略。组织创新的高级形式是自组织,自组织的区域经济系统具有良好的动力性能和良好的平衡性能。区域智力资本具有自组织的特性,区域智力资本的价值实现就是一个结构不断复杂化、区域创新能力不断增强的自组织演进过程。[①]

作为区域智力资本开发主体的人力资本,要不断与周围环境即自然界或社会广泛接触,时刻准备接纳并且主动去搜集新的知识与信息,吸纳各种有用的信息和知识。这也和耗散结构理论所揭示的新的有序结构的发生机理相契合。我国区域经济活动所面对的环境,所接受的信息越来越复杂,为了寻求新的平衡,非线性作用机制必然产生。[②] 这种扁平的柔性组织结构,就是企业内部非线性关系的一种表现形式,将使区域经济系统成为一种富有生命力、充满智慧的组织结构,信息充分流动,人力资源自我调动,发挥自己最大的能力和创造性,从而使区域经济这个系统整体效率更高、更灵活,对外部环境的适应能力也更强。

五、区域经济可持续发展理论

可持续发展思想是人类生存发展以及正确处理人与环境关系的最高指导思想。在整个世界范围之内,不恰当的发展模式和消费模式所导致的贫困加剧、环境恶化以及发展失衡是全球所面临的严重问题。我国在经济转型的发展中面临严重的资源短缺的瓶颈制约和生态环境总体恶化的压力。相对于人类对自然资源和社会资源的无限需求而言,资源的供给总是受到限制的,包括资源的数量、质量、时间、空间、结构、资金和环境容量等方面的限制。但

---

① 万希:《从自组织理论视角看智力资本的开发》,《经济管理》2005 年第 2 期。

② 万希:《从自组织理论视角看智力资本的开发》,《经济管理》2005 年第 2 期。

是智力资本可以提高资源的利用效率,从而在一定程度上缓解资源的稀缺性。所以,寻求科学合理的资源利用模式,是区域经济实现可持续发展的客观要求。

区域经济可持续发展是个公平、高效、可控的完整系统,在整个系统的运作当中,开发具有价值增值功能的新资源,保持经济资源的供给能力,是实施集约型发展模式的战略选择。集约型经济发展模式,依靠智力资本创新成果,改善实体性生产要素的质量,提高劳动生产率和生产资料的利用率,有效地促进区域创新活动与经济活动的互动,加快智力资本价值实现的进程,降低对自然资源的依赖和对生态环境的破坏程度,从而使区域经济发展能以最少的生产要素投入获取最大的产出效益。区域经济可持续发展体现为以知识、信息为基础,以智力资源和知识的占有为价值体现,经济增长更多地依赖于知识和信息的生产、扩散和应用。智力资本以其价值的增值性、发展的集约性成为区域经济可持续发展的资源选择,在推进区域经济结构调整优化、实现资源的可持续利用、推动区域经济增长方式的根本性转变、促进人与自然的和谐发展等方面的作用越来越突出,成为区域经济可持续发展不可替代的决定性力量。

第二章　区域智力资本影响区域经济发展的机理分析

　　进入 21 世纪,人类的历史也随之进入知识经济时代。在知识经济时代,智力和知识成为了推动社会进步和经济增长的核心力量。那种单纯地依靠地区丰厚的物质资源来发展经济的模式,只能够带来资源的大量浪费、环境的持续恶化以及经济的缓慢增长。各地区要想在区域经济的发展中取得优异的成绩,在综合实力的竞争中取得领先地位,就必须依靠知识经济的发展思路,提高区域的智力资本水平。区域智利资本具有高度增值性和长期收益性的特征,现已成为区域经济发展战略中不可替代的核心要素。智力资源作为经济增长的重要源泉之一,对国民经济 GDP 的贡献份额正在变得越来越大,然而智力资源能否对经济的发展做出大的贡献,取决于其能否得到合理的开发、利用和智力资本的持续增值。[①] 区域智力资本包括区域人力资本、区域关系资本、区域结构资本和区域创新资本四个方面,四者相互协调、相互结合才能发挥其巨大效应。

---

　　① 张其春:《智力资本影响区域经济发展的机理分析》,《长春工业大学学报》(社会科学版)2009 年第 6 期。

第一节　区域智力资本与区域经济发展的关系

一、区域智力资本是区域经济发展的主要动力和决定因素

区域经济的发展主要表现为各种资源要素的增加,以及这些要素的优化组合所形成的效率的提高,它包含着生产发展和消费增长的双重过程。生产和消费的主体都是一定的人口。人力资源作为人口的最重要组成部分,代表着社会的基本生产能力和消费能力。随着经济社会的发展,劳动不断复杂化,劳动者的生产技能不断提高,社会财富相伴而生。财富的积累,使人力资源的生产处于更好的境地,而人力资源的再增加又为进一步生产社会财富准备了前提。人力资源的存在和使用过程也是社会的消费过程。这种过程与生产过程同时存在,使生产行为得以最终完成,并为生产过程不断提出需要,从而形成经济发展的动力。①

实践表明,区域智力资本的培育和合理配置,不仅是经济发展的强大动力,而且是区域经济发展的决定因素。一个地区乃至一个国家,特别是在经济转型和起飞阶段,对资金、技术、人才、智力的需求大量增加,尤其是智力资源的开发显得更重要。随着社会经济的不断发展,信息社会、网络技术、高新技术产业的出现,区域经济转型发展的需要,区域智力资本作为一个新的开发领域,已经成为国家和地区经济发展和社会管理的重要内容,一切经济活动将围绕获取智力资本而展开,智力资本的扩张速度决定着知识经

---

① 雷丽平、于钦凯:《中国人力资源开发对区域经济发展的影响及对策研究》,《人口学刊》2004年第8期。

济的发展速度。

二、区域智力资本对区域经济发展的贡献越来越高

智力资源的开发和利用已经成为区域经济的发展核心问题，智力资源和经济的发展有密切的联系，对区域经济的发展起主导作用。区域经济一般是指一定的地区及地区间空间的资源配置和利用的经济。缺少区域智力资本，社会经济活动将无从谈起，经济发展也无法保证。中国区域智力资本中的人力资本对经济增长的贡献率大体为35%，而发达国家的这一比率大体为75%，说明中国区域人力资本对经济增长的贡献存在着很大的发展空间。[1] 区域智力资本对区域经济增长的贡献表现在直接作用和间接作用上。直接作用表现为，区域智力资本直接增加劳动者的边际生产率，推动区域经济增长。劳动的边际产品是指在资本投入量保持不变的前提下，增加一单位劳动投入量所增加的产品产出量，边际产品的上升代表劳动者生产效率的提高。区域智力资本质量比较高的地区，劳动力的边际产品也比较高，所以，区域智力资本对生产效率的提高起关键的作用。间接作用表现在，区域智力资本投资通过区域创新，产生溢出效应，促进全要素生产率的增长，进而推动区域经济增长。区域智力资本不仅提高劳动力的生产效率，还推动其他要素的进步。它对技术进步的促进作用主要表现在以下两方面：其一，智力资本积累能够增强经济体的创新能力，新技术、新知识、新产品和新工艺将促进经济增长；其二，智力资本的增长能够促进技术的扩散与吸收，从而促进经济增长。

---

① 黄巧敏：《福建省 R&D 活动现状的实证分析》，《海西建设研究》2009 年第 5 期。

三、区域智力资本是实现区域经济可持续发展的源泉

现代经济发展表明,高质量的区域智力资本不仅可以替代自然资源,缓解自然资源短缺,而且能深度开发和有效利用自然资源,创造出新的资源以弥补原有资源存量的不足,对经济增长产生倍数效应。新中国成立 60 多年,GDP 增长了 70 多倍,在经济迅速增长的同时,能源供应紧跟需求出现高速增长。国家统计局 2011 年发布的《中华人民共和国 2010 年国民经济和社会发展统计公报》表明,2010 年,我国一次能源消费量为 32.5 亿吨标准煤,同比增长了 6%;煤炭消费量增长 5.3%,原油消费量增长 12.9%,天然气消费量增长 18.2%,电力消费量增长 13.1%;进口原油 2.39 亿吨,同比增长 17%,我国石油对外依存度上升 3 个百分点,超过 55%,成为仅次于美国的第二大石油进口国和消费国。国家发展和改革委员会发布的数据表明,我国已成为世界上煤炭、钢铁、铁矿石、氧化铝、铜、水泥消耗最大的国家,是世界上能源消耗的第二大国。2010 年我国 GDP 总量首次超过日本,但日本 2010 年的能源消费总量是 6.6 亿吨标准煤;我国出口在 2010 年超过德国,而德国 2010 年消费 4.4 亿吨标准煤。我国经济发展中高能耗、高排放带来的环境问题也日益严重,耕地面积逐年减少,一些矿产资源严重短缺。沿袭原来的发展模式,很难实现区域经济可持续发展。区域智力资本打破了传统经济发展对土地、设备、资金的依赖,把发展的中心更多地转向人才、组织、创新,经济发展以智力资源为本,构建全新的经济发展理念,通过转变发展思路,创新发展模式,寻求科技含量高、资源消耗低、环境污染少的新型工业化道路。因此,在自然资源相对固定的前提下,区域智力资本是实现区域经济可持续发展的源泉。

第二节　区域智力资本诸要素对
区域经济发展的影响

区域智力资本是区域内人力资本、结构资本、关系资本和创新资本的整合,其价值不仅仅体现在区域智力资本存量,还包括区域智力资本质量、区域智力资本结构和区域智力资本配置等方面。区域智力资本只有与区域经济市场化相互协调、相互结合,才能促使区域智力资本发挥其巨大效能。在这个结合的过程中,存在着区域智力资本诸要素存量与区域各部门、各行业对区域智力资本素质要求的双向对接的问题。任何一个对接的中断或受阻,都要最终影响到区域经济的发展水平与程度。改革开放三十年来,中国取得了令世人瞩目的经济发展,这一时期人均国内生产总值年均增长 9.88%,在世界上处于一种高速发展的地位。① 其中一个比较重要的原因,就是区域智力资本的增长和区域智力资源配置的改变。

一、区域人力资本与区域经济发展

知识经济时代,知识在经济发展过程中的作用越来越重要,对作为知识载体的人提出了更高的要求,人力资源的开发愈加显示出紧迫性和重要性。劳动者作为生产力要素中最积极、最活跃的要素,在生产力中起着决定性的作用。区域人力资本是指在一个特定的区域内,在外部社会环境的影响下,每一个人通过后天投资

---

① 发改委专家:《中国经济增长持续至 2020 年》,2008 年 4 月 27 日,见中国评论新闻网 http://www.chinareviewnews.com。

所获得的具有经济价值的知识、技能、能力和健康等质量因素的整合。人力资源素质指人力资源具有的体质、智力、知识和技能的总和。人力资源是生产力的主体,掌握一定知识和劳动技能的人是生产力诸因素中最为积极、最为活跃的因素。随着经济社会的发展,它已成为经济增长中最起决定作用的因素,对经济发展的贡献率持续上升。当区域人力资源达到一定的受教育程度,即积累了一定的人力资本时,人口优势才能转化为人力资本优势。否则只能当作一种潜在优势,甚至作为一种包袱牵制经济、社会的发展。区域经济的发展,首先必须具有一定数量和质量的劳动力,一个区域劳动力资源是否丰富直接关系着经济的增长。我国是一个超级人口大国,2010 年"六普"资料显示,2010 年我国人口已达到13.40 亿人,与 2000 年人口普查相比,2010 年每十万人中具有大学文化程度的由 3611 人上升为 8930 人。[①] 中国人力资源虽然相对丰富,但是总体素质不高,这是中国经济向前发展的最大阻力。较高素质的人力资源对经济发展的贡献主要体现其具有较强的创新能力,同时较高素质的人力资源接受新技术能力强,能将潜在的资本转化为现实的生产力,从而提高效益。改革开发以来,中国经济有了较大发展,但是人力资源代际衔接部分失调,从经济发展的长远目标和区域经济的可持续性角度来考虑,中国必须加快教育改革,争取在最短的时间内提高中国人口的总体素质。

　　人力资源流动是现代经济发展的一个重要特征,区域间人力资源流动的主要原因是区域经济发展不平衡。一些区域的经济发展水平较快,区域内的人力资源已经不能满足经济发展的需要,人

---

　　① 乔晓春:《从"六普"数据看我国人口状况变化》,2011 年 8 月 12 日,见 http://www.zgxxb.com.cn。

力资源部分处于稀缺状态,外来人力资源的流入,可以减轻人力资源供给不足,增强区域经济的竞争能力。我国区域经济发展水平的不平衡性使得人力资源向经济发达地区聚集,从供给和需求来看,满足了发达地区对人力资源的需求,增强了其竞争力。但同时,不发达的西部地区人力资源的流失,使区域经济间的差距再次拉大,这种恶性循环其实是不利于中国经济的持续发展的,最终也会使区域经济之间的互补性减弱或丧失。所以,欠发达地区更要重视区域智力资本的培育和提升,为区域经济发展提供资源基础和动力来源。①

二、区域结构资本与区域经济发展

结构资本是蕴涵在企业组织机构、制度规范、企业文化中的组织性资产,体现了组织聚合人力资源、创造价值的潜在能力和运作机制。区域结构资本是个体人力资本转化为区域人力资本的有效转换机制,为区域经济发展提供结构化的运行平台,包括社会资本和组织(区域)资本,区域与外部相联系的所有资源构成社会资本。而区域内智力资本的基础条件形成组织(区域)资本。

区域经济体系通过各种制度安排所形成的组织力具备了资本所特有的性质。这就是结构资本在区域经济体系中存在的基础。它反映了系统效率的提升对于区域经济发展的重要意义。结构资本是区域经济体系的一种协作机制、一种整合机制、一种协调机制,在区域经济发展的每一个阶段、每一个环节都发挥着作用。结构资本的优劣直接反映了区域经济体系开发人力资源和对知识、

---

① 雷丽平、于钦凯:《中国人力资源开发对区域经济发展的影响及对策研究》,《人口学刊》2004 年第 8 期。

智力进行管理运用的能力,它可以将个人所专有的知识、经验转化为集体所拥有的财富。

区域结构资本的表现形式多样,既可以蕴含在区域的组织机构、制度规范、区域文化之中,也可以体现为区域的价值体系、创新机制、激励机制和发展模式,并且主要是通过信息传递机制来影响每个个体的行为,继而在整体上影响区域经济绩效和竞争能力。[①]结构资本的作用在于为物质资本和智力资本其他要素资本创立一个良好的外部软环境或主体间的融合剂、凝聚力。结构资本作为一种对地方经济和区域创新起到促进、加强作用的因素得到了重视。结构资本是蕴含、或者深嵌于社会构架、社会网络与社会文化之中的,既非市场因素,也不是组织一体化的因素,但是同样也能够通过技术扩散、信息流通、生产组织和市场规模效应等渠道充分发挥其作用。[②]

三、区域关系资本与区域经济发展

全球经济一体化的迅猛发展,一方面使区域经济发展面临更为广阔的市场空间,通过发挥区域优势,充分实现区域经济效益;另一方面,也使区域经济面临全球范围的激烈竞争。原有的市场格局将不可避免地受到挑战。市场范围的扩大和竞争程度的加剧,使区域经济体系必须提高自身的综合竞争能力,处理好外部和内部环境中各方利益相关者的关系,才能在全球经济一体化的发展中获得竞争优势。

[①]　王霆:《结构资本:企业系统效率的源泉》,《中共中央党校学报》2006年第12期。

[②]　王霆:《结构资本:企业系统效率的源泉》,《中共中央党校学报》2006年第12期。

区域关系资本是指区域经济体系与外部环境之间及区域内部建立的关系网络及其带来的资源和信息优势。随着科学技术的迅猛发展,产品和技术生命周期不断缩短,大部分资产的持续性大大地降低了,但区域关系资本却不会因此而受到影响。信息技术的进步推动了企业与利益相关者间、区域内部和外部间相互关系的深入发展,计算机网络的运用帮助经济体提高工作效率,降低运营成本,使经济体利益相关者的沟通得到加强,减少时空障碍,增强相关性、依赖性,彼此分享信息和知识,物流、人流、信息流的发展有效地推动了经济体内外部关系的发展,促进了关系资本的形成。建立长期稳固的关系网络有助于解决政府和企业的信用问题,避免短期交易带来的可能损失,减少不确定性,降低交易成本,获得经济和社会价值。①

区域关系资本是在区域经济发展过程中长期培养和沉淀而成的独特资本,为内外部环境所共同拥有,难以被其他区域模仿和替代,因而,区域关系资本具有战略价值。它能为利益相关者带来长期性的利益,为区域创造长期性的竞争优势,能使区域获得更高的劳动效率,降低产品成本,从而取得更高更长远的经济效益,实现区域经济价值最大化。区域关系资本还可以有力地支持区域经济向更有活力的新领域延伸。它既可以通过对资源进行有效整合而形成高新技术、创意经济等领域,又可通过区域创新延伸出具有竞争力的新产品和新服务,并通过其发散机制,使企业更好地满足消费者不断变化的多样性、个性化的需求。区域关系资本能够支撑区域经济具有持续的竞争优势,在不断变化和发展的环境中长期

---

① 彭星闾、龙怒:《关系资本——构建企业新的竞争优势》,《财贸研究》2004年第10期。

发挥作用,为区域注入生命活力,使区域在市场竞争中获得可持续发展的资源和动力。[1]

四、区域创新资本与区域经济发展

创新资本是指创新能力、保护商业权利、智慧财产、用于开发新产品、新服务项的无形资产和能力。随着创新经济的兴起与发展,新理念、新技术、新商业模式、新文化形式和新产业成为时代赋予创新资本的崭新定义。

区域经济发展水平是由区域经济体系拥有的物质资本与人力资本能力存量以及竞争、合作、治理机制等内外部制度环境综合决定的。其中,能力是决定区域经济发展水平的内因,制度是影响区域经济发展水平的外因,能力决定制度,制度又对能力具有反作用,制度是通过对能力的作用而影响区域经济绩效的。但是,当制度处于失衡或严重非均衡状态时,制度的创新或变革就可能成为区域经济绩效的决定因素。决定区域经济发展水平的关键因素是区域智力资本的创新能力。这是因为,进入知识经济时代,物质资本的作用相对下降,人力资本的重要性日益凸显,知识与创新成为区域经济发展的最重要条件。因此,要实现区域经济发展水平的战略性改进,关键在于培育和提升区域的战略创新能力、技术创新能力与制度创新能力。当前,我国正处于经济体制转轨时期,市场经济依存的制度环境还处于严重失衡的状况,旧体制的残留、新体制的不完善、新旧体制之间的摩擦与碰撞以及制度变迁中出现的不配套、不对称现象,都深刻地影响、制约着区域经济健康持续发

---

① 徐爱萍:《智力资本的三维协同机理与绩效评价研究》,武汉理工大学2009年博士论文。

展。因此,要实现区域经济绩效的战略性改进,必须着眼于提升区域智力资本的创新能力,激发区域智力资本的创新动力,促进一般型、专业型智力资本向创新型智力资本转化,营造一种以创新为基础的制度环境。

第三节 区域智力资本影响区域
经济发展的机理

区域智力资本使区域经济发展的观念、经济发展的主体、发展经济的空间等方面,都发生了革命性的变化。[①] 区域智力资本的发展,必然会影响到区域经济机制的运行。这些影响包括区域经济制度的变革、区域经济周期的波动、区域经济市场化的发展以及区域经济形态的转变等方面。区域智力资本对于区域经济运行机制的影响,有利于加快区域经济的健康、可持续发展,反过来区域经济的发展也进一步促进区域智力资本的积累和利用,两者是相互促进、共同发展的关系。

一、区域智力资本对区域经济发展周期的影响

从宏观经济层面来看,区域智力资本能促进区域经济周期波动的微波化。工业经济时代经济增长的基本特征是"周期性",区域经济的发展有高峰也有低谷,呈现波浪式变化,而区域智力资本发展则呈现出"持续性",可以减小经济波动的幅度。首先,以智力资本为主导的知识经济促进了供求的良性互动。知识经济以新

---

① 张其春:《区域智力资本对经济增长方式转变的影响机理分析》,《沈阳建筑大学学报》(社会科学版)2010年第4期。

供给创造了新需求,又以新需求推动了新供给,智力资本以不断的创新丰富了社会的总供给,有力地推动社会的投资需求和消费需求,促进了社会总供求的良性互动,推动了经济的持续、稳定增长。区域创新带动了区域经济持续发展,迅速发展的科学技术弱化了经济低谷发生的周期,从而延长了经济扩张期,减小经济波动幅度。其次,区域智力资本投资带动的区域创新缩短了供求之间的距离。工业经济遵循"收益递减"原理,知识经济则表现为"收益递增"。在工业经济时代,按照经济"增长函数",资本和劳动力的投入,必须按比例进行。如果某一方投入过多,就会造成"收益递减"。知识经济恰恰相反,表现为"收益递增",即对知识、智力的投入,会造成"收益递增"。① 知识经济改变了传统经济理论中货币资本边际收益递减的规律,因为知识可以无限传播,并且只有在传播的过程中才能创造价值,所以知识要素具备了边际收益递增的性质,即当知识被运用得越广泛,其产生的价值越大。而智力资本在本质上是一种基于知识的资本,它是全体劳动者,尤其是管理层知识贡献不断积累的结果,所以智力资本具有投资边际收益递增的特性。当组织结构资本产生网络延伸效应,影响力越广泛、越深入时,其发挥的价值就会越大,企业的组织力也就越强。区域智力资本中先进的通信技术和互联网的发展,使商品和服务的供求在时间和空间上缩短了距离,投入产出速度加快,避免生产过剩或供给不足,有利于延缓整个区域经济的波动周期。②

二、区域智力资本对区域经济运行机制的影响

区域经济运行机制,指区域经济自身有机体各组成部分和环

---

① 刘树成、张平:《"新经济"透视》,社会科学文献出版社 2001 年版。
② 陶德言:《知识经济浪潮》,中国城市出版社 1998 年版。

节,在一定的作用机理下相互联系、相互制约、相互作用,推动区域经济社会运转的各种方式的总和。区域经济内在机制包括目标及动力机制、信息传递机制、决策机制、激励及约束机制,以及各种各样的子系统及其行为机制。在现代市场经济中,市场机制是区域经济内在本体的机制,对资源的配置和区域经济的运行,起着重要的调节作用。区域经济体的发展取决于自身构成要素的综合作用。其中环境资源、经济体制、人才机制三要素发挥着决定区域经济体前途和命运的作用。环境资源是区域经济体的立足之本和发展之基,政府经济管理体制为区域经济体的发展提供动力支持和政策保障,人才机制是区域经济体发展的重要活力源泉。

制度变迁与经济发展是一种互动的关系,恰当的制度安排是经济增长的必要条件。因此,在有效制度缺乏,或者处于新旧体制转轨时期的地区,通过制度改进能带来较高的经济效率。制度既给我们提供了行为规范,又给我们带来了效率。这是制度的两大基本功能。一方面,制度变迁改变制度安排的激励机制和效率,从而影响经济发展的速度与质量;另一方面,经济增长又反过来影响制度安排的效率,进而导致制度变迁的必然性。比如经济增长产生了新的稀缺性,需要新的制度安排来配置资源。经济增长产生了利益分配格局的变化,需要新的制度安排加以调整,等等。简言之,制度安排发挥效率的基础和条件发生了变化,就需要对原有的不合适宜的制度安排进行修正。而采取什么样的制度变迁模式是由不断变化的制度需求因素和制度供给条件共同决定的。区域经济运行制度的变迁主要表现在产权制度、市场化、利益分配格局和对外开放等四个方面,这四个方面的转变都与智力资本是一脉相承的,智力资本对其转变起到了助推的作用。

不管是一个国家抑或是一个地区,对于经济体制的改革主要体现在产权改革方面,而国有企业产权改革的重点是人力资本产权的改革,其本质上是达到人力资本产权清晰化的目标,即人力资本的所有者对于剩余索取权的分享。由于人力资本是智力资本的重要组成部分,所以人力资本产权的清晰化是智力资本产权归属问题的重要组成部分。作为中国学界对和谐社会的首份研究报告,2008 年中国社会科学院的《中国社会和谐稳定研究报告》特别指出,现阶段我国社会基本稳定,各种主要社会关系总体上较和谐,但来自社会群体之间的利益关系和社会经济发展过程中出现的各种社会问题是我国面临的两大主要挑战。调查显示,67.9%的人认为目前我国的利益分配格局不平衡,并有 69.84%的人认为国家官员是近年来获益最多的群体,社会利益分配格局不平衡。① 而解决这种现状的途径除了有关部门和团体进行监管之外,还有一个重要的方法就是促进智力资本的股权化,即把智力资本作为重要的生产要素参与财富的分配。

　　改变分配格局和调整经济结构的关键是让财富以股权投资的形式发展创新创业。美国 20 世纪 90 年代创业投资企业的平均生产力,每年递增 9%,是美国平均劳动生产力增长率的 3 倍。大力发展创业投资是调整经济结构和社会结构,改变分配形式,建设创新型中国的必然战略选择。它可以最大限度地释放人的智慧潜能,把智力资本的能量释放出来,使智力资本储备和潜能成为实在的创业资本,成为与市场交换的股权,通过智力资本股权化,大力打造一批新的智慧型企业,造就一批新的智力资本型企业家,以创业带动就业,改善社会结构,打造橄榄型社会,催生更多的中产阶

---

① 社科院:《中国社会和谐稳定研究报告》,2008 年 9 月 12 日,见 http://www.sina.com.cn。

级。现阶段,从理论到实践均认可智力资本的价值,从某种意义上讲,这是中国允许非公有经济创造财富后的再一次解放生产力。关键在于构建一种新的激励制度,使有潜力的智力资源转化为具有市场价值的智力资本,来挖掘和分享智力资本的高成长性和高增值性。①

市场经济的本质就在于通过生产要素的流动和组合,实现经济资源的优化配置,以促进经济的发展,而在生产要素的配置中,智力资本起着越来越重要的作用。激发出智力资本的潜能,使其得到释放,把虚拟的智力资本转化为现实的实业资本,作为可以在市场上自由交换的股权。由于智力资本的重要性,随着改革的进行,智力资本将取代权力资本实现对市场的支配和掌控,最终形成经济运行市场对政府的替代。当前以知识资源和智力资本作为经济成本的流通来带动本地区域经济体的快速发展,已经成为很多区域经济体发展的一个很重要的特征。区域创新主要是依靠知识和人力资本的积累,是软要素的一种核心要素。根据新经济增长理论,区域经济增长主要取决于它的知识积累、技术进步和人力资本水平等软要素的积累。特别是对于欠发达的地区来说,学习先进技术比开发先进技术的成本要低得多,因此引进先进技术后,最初的经济增长速度会很高,可以实现跨跃式的发展,缩小区域的差异。

产权归属清晰的智力资本能够促进其充分流动,具体表现为人力资本的自由流动、创新资本的流动与交易、结构资本的交流与借鉴等等,从而进一步带动其他生产要素的流动与交易,促进市场

---

① 芮明杰、郭玉林、孙琳:《智力资本收益分配论》,经济管理出版社 2006 年版。

机制的高效率运行,这时候智力资本就成为了市场机制高效率运作的基本条件。改革开放以来,FDI 在我国经济高速增长过程中发挥了重要的作用,已成为我国引进国际先进技术的重要渠道,但是在引进国外先进技术等创新资本的过程中有一个必然前提,即承认国外智力资本的价值以及明白良好结构资本对于吸引外资和引进先进技术等方面的重要作用。改革开放三十多年来,我国正是通过对国外先进技术的引进、消化、吸收和再创新战略的实施,从而实现了经济的跨越式发展。此外,在国际贸易中,我国频频遭受贸易壁垒,这主要是由我国以劳动密集型产品为主的产业结构决定的,将包括人力资本和创新资本在内的智力资本融入产品的研发、生产和销售过程中,会大大增加我国产品的附加值,提升产品的国际竞争力,减少国际贸易中的种种壁垒。① 以上各方面是从国家这一个层面来讲的,放在一个具体的地区亦是如此。

三、区域智力资本对区域产业发展的影响

由于区域智力资本在经济发展中的决定性地位,使得区域经济的重心发生了转移,产业结构也发生根本性的变化。高水平的区域智力资本可以增强区域产业的竞争优势,直接影响区域经济的发展。从产业演进的角度来看,产业的发展主要体现为四个方面,分别是产业转换、产业创新、产业集聚以及产业转移与扩散等。区域智力资本作用于区域产业发展,能够促进产业的快速转换、增强产业的创新能力、促进产业的集聚发展以及加速产业的转移与扩散进程,进而实现区域产业结构的优化升级,实现区域经济的跨越式发展。智力资本是企业竞争优势的来源,而能力体系只是智

---

① 杜娟:《智力资本的价值实现与产权安排》,《求索》2011 年第 9 期。

力资本的一种外在表现。企业现有的智力资本存量决定了企业当前发现市场和配置资源的能力。企业智力资本的增长、更新速度，作用发挥的程度则决定了企业未来的竞争能力。拥有独特并富有活力的智力资本的企业因不易被竞争对手仿效，从而能形成更为持久的竞争优势。

知识经济的到来，促使第二产业优化升级。知识经济中的高新技术被运用于生产领域，并逐渐形成以高新技术为支撑的新产业，知识经济在为区域经济创造了新的工业群的同时，还扩散到传统工业，引起产品质量、档次的提升和新产品的出现。

（一）区域智力资本对区域产业结构转换的影响

产业结构状况是区域经济发展水平的内在标志，中国的三大产业中，人力资源主要集中在第二产业和第三产业中，东部和中部发达地区是第二、三产业的主要聚集地，对人力资源的吸引力和需求量很大，而西部由于在产业吸引力上相对较弱，人力资源很缺乏。这种现实状况不利于区域经济的平衡发展，只能使区域间的经济发展差距越来越大。区域经济协调发展的核心问题是产业结构转换问题，区域产业结构转换是一个地区的国民经济各部门及整个产业结构随主导产业更替而发生质的变化，产业结构优化升级，由数量型经济发展模式向质量型经济发展模式转变。而产业结构的转换能力则是指产业结构适应市场变化和保持地区经济持续、稳定、协调增长，向高级化调整、演进的可能性和条件。区域产业结构的状况和转换能力，不仅决定着区域在区际经贸联系和分工中的相对地位，也决定着区域经济增长的速度和效果，而且在很大程度上制约着自身发展能力的形成。产业结构的状态总是随着经济发展的程度处于不断变动与转换过程中，在工业经济时代向知识经济时代转变的过程中，产业结构知识化转换出现了与传统理论揭示的产业结构变动规律不同的趋势,表现为产业结构知识化,产业结构转换开放化,产业结构转换超常化。在这些变动趋势中,区域智力资本在区域产业结构的知识化、超常化转换中发挥了重要的推动作用,对于提高区域产业结构转换速度,指导区域产业的发展方向提供了依据。

作为区域智力资本重要组成部分的区域人力资本,其内容主要包含了区域经济发展所需要的人力、知识以及教育等资源。区域丰裕的人力资本为区域产业的快速发展注入了巨大的活力,在面对产业结构转换中可能带来的产业关联断裂的考验时,那些人力资本存量大、供给效率高、积累能力强的产业和部门具有更大的发展优势。而作为区域智力资本另一重要组成部分的区域创新资本,其雄厚程度在一定程度上决定了区域的产业结构,也为区域产业的优化升级指引了正确的发展方向,因为创新资本能够演化为知识型产业,它是工业型经济向知识型经济转化的前提和基础。区域产业的快速有效转换,除了与包含人力资本和创新资本的智力资本息息相关以外,还与其紧密联系的外在环境资本不可分割,这些外在环境包括保障区域经济发展的政策、制度和法律体系等因素,也即区域结构资本。比如,2009 年的中国城市竞争力排行榜中,排名靠前的香港和深圳等城市在政府公共管理、法律制度等环境资本方面也都处于领先地位。除此之外,作为区域智力资本重要组成部分的区域关系资本在与区域外联系合作、承接符合本区域发展的产业等方面发挥了重要的作用。

(二)区域智力资本对区域产业创新的影响

从宏观角度上来讲,区域产业创新主要是指一个区域能否有效的形成产业竞争性环境,能否推动产业创新。从产业层面上来讲,就是指全要素的创新,包括技术、制度、市场、组织和管理等方面的创新,从而通过全面创新实现产业结构的优化升级,催生高新技术产业并带动其快速发展。在高新技术产业的发展中,区域智力资本的规模对其快速成长具有巨大的推动作用。高新技术产业具有的无形价值远远超过其有形价值,它的物质资本对其最终产品的贡献远远小于作为创新资本和人力资本的无形资本,无形的创新资本和人力资本是高新技术产业超值收益的主要来源。

区域创新资本是区域产业创新的源泉,高层次的区域人力资本是区域产业创新的重要载体,区域产业创新也必然会受到结构资本和关系资本的影响。区域产业的全要素创新需要创新型人力资本,无论是渐进性还是重大根本性创新都将促进区域经济发展。重大根本性创新成果(如专利知识产权)是创新型人力资本智慧的结晶,而其创新成果的产业化发展则需要关系资本的支持。这在很大程度上决定于政府的行为,取决于本区域相关的产业扶持政策。但有时需要借助于区域关系资本来吸引区域外的创新资本和人力资本来促进本区域的产业创新。

(三)区域智力资本对区域产业集群的影响

产业集群是指大量密切联系的企业及其相关支撑机构(一般是同行业企业、上下游企业和相关企业等),在某一特定区域内的柔性集聚,形成区域内企业之间专业化分工,结成紧密合作的空间产业组织体系。产业集群是产业组织的最基本形态,具有资源集聚、规模经济、竞争合作、学习创新以及品牌扩展等效应,能够推动区域经济的集约化发展。区域优势产业的集群发展和区域智力资本的自由流动是相辅相成、相互促进的。

作为区域的产业集群,首先应当是一条完整的产业链,而产业链上的产品和服务都是区域创新资本的商品化表现形式,产业链上的产品在特定区域内的积聚实质就是区域创新资本积聚的过

程,即产业集群是创新资本转化为实物的"场所"。区域产业集群
的快速发展离不开区域人力资本的空间集聚,人力资本的空间集
聚则是人力资本自由流动的必然结果,由于资本具有逐利性的本
质,这使得人力资本的流动始终是朝向具有比较优势的产业,从而
有助于这些产业的资本增值。而区域优势产业具有投资收益高、
发展潜力大等优点,这将致使人力资本在这一产业的快速集聚。
产业集群的快速发展更离不开区域结构资本的支撑,相关政策的
支持、法律法规的保障等都是区域产业集群发展必不可少的条件。

(四)区域智力资本对区域产业转移与扩散的影响

区域经济发展空间上的梯度差异,使得经济要素的空间转移
与扩散通过资本投资、技术引进、思想交流和劳动力迁移等途径从
一个区域流向另一个区域。而产业在空间的流动则包括转移和扩
散两种基本形式,又各自分为主动型与被动型这两种模式。产业
转移与扩散的主动型模式是在政府或其他相关机构的指导以及组
织协调下进行的,而被动型模式则是非政府干扰下自发进行的。

区域间产业扩散与转移的过程离不开人力资本在各个产业间
或不同地区间的流动与配置,产业转移的同时伴随着人力资本的
流动。区域创新资本的发展促进了区域产业更好地转移与扩散,
为其快速实施创造了技术上的准备。区域智力资本的流动应当以
市场配置为基础,同时也离不开政府的宏观调控作用,这是促使高
新技术产业由发达区域向落后区域扩散和转移,进而缩小区域间
差距的必然途径。改革开放三十多年以来,中央及地方政府出台
了各种优惠政策来吸引国外投资,吸引先进技术和人才,其实质就
是希望通过提高结构资本来吸引创新资本与人力资本,以区域结
构资本的发展来带动区域经济的发展。

四、区域智力资本对区域价值的影响

从经济角度上来讲,区域价值就是区域的经济价值,是区域内固定资产和流动资产、有形资产和无形资产的总和。广义的区域价值一般包括人才价值、经济价值、社会价值、文化价值、自然资源价值和生态价值等。[①] 区域智力资本的积累有助于区域价值的提升,反过来,区域价值的提升也会促进区域智力资本的发展,两者相互促进、共同发展。

(一)区域智力资本对区域价值体系的影响

区域智力资本规模的大小对于区域价值体系的构建具有直接的相关作用,在区域经济的发展过程中,必须重视区域智力资本对区域价值体系构建的影响。区域内一切科技成果皆由智力资本创造,区域内智力资本总量的大小和质量的高低决定了这个区域竞争力的强弱,其拥有的智力资本的密度和知识的结构与其市场竞争力直接相关,区域智力资本与区域内企业文化和企业制度一起构成了企业的核心竞争力。与其他区域相比,区域人口、从业人员、专业技术人才和创业人员,以及智力资本的其他元素为区域价值创造提供了生产和消费基础。一个区域智力资本越强越大,在其他条件充分的情况下,区域产业规模就大,相应的区域产业综合规模变动就越快,区域价值体系也就越大,扩展的也就越快。

区域价值体系和区域人力资本潜力息息相关,区域人力资本的潜力一般包括区域内劳动力将来的数量和素质,其大小决定了区域价值体系的变动,影响区域价值体系的未来状况,因而是区域

---

① 陈永品等:《从区域价值理论出发 构建国家级高新区绿色增长评价体系》,《中国科技产业》2010 年第 9 期。

竞争潜力的重要构成部分。区域人力资本的潜力决定于教育，教育的规模、质量和体系的健全决定了区域的智力资本的潜力。而教育则和区域创新资本是一脉相承的，教育的发展和潜力需要政府乃至整个社会力量的支持，这也涉及区域结构资本的内容。

（二）区域智力资本对区域价值创造的影响

在区域经济的发展过程中，区域智力资本的变动直接影响到区域价值的创造。因为区域智力资本的核心是人力资本，而人力资本的流动不仅影响区域产业的规模及其变动，而且影响区域产业的素质及其变动。区域从业人员数量的增长为产业的扩张和产业素质的提高创造了人力条件，这些都为区域价值的增长提供了可能性。区域产业的增长需要智力资本的增长与之相适应，地区创业者（即企业家队伍）的扩大，使区域产业扩张成为现实。人力资本的增长表明与其他区域相比，本区域更具有吸引力。但同时我们应当看到，地区就业人口过多，特别是低技术劳动力过剩，不仅不能促进区域经济的发展，而且还会加大区域经济发展的成本。同样，区域人力资本的短缺，特别是熟练产业工人、高级技术人才的短缺，将会限制高附加值产业的扩张，抑制产业结构的优化升级。正如区域价值体系的建立一样，区域人力资本的潜力决定了区域价值的创造能力，反过来，区域价值创造能力的提升，相应会促进区域智力资本的进一步发展。①

五、区域智力资本对区域内资源配置的影响

稀缺资源的优化配置是经济学研究的核心问题之一。一般认

---

① 刘晓明、于君：《智力资本价值创造理论研究述评及未来研究》，《工业技术经济》2010 年第 5 期。

为,资源优化配置的方式有两种,一种为市场配置机制,另一种为政府配置机制。从资源配置功能的作用过程来说,区域智力资本影响区域内资源配置方式主要是通过影响政府和市场这两种机制来实现的。从区域智力资本对区域内资源配置影响的路径来看,主要影响资源配置的方式、成本以及效率三个方面。

(一)区域智力资本对区域内市场配置机制的影响

区域智力资本对区域内资源市场配置机制的影响主要表现在两个方面,一方面是区域智力资本作为一种生产要素参与资源的配置,人力资本和创新资本是区域经济发展的关键要素,也是参与区域内市场资源配置的重要生产要素,它们的加入,将进一步加快市场资源配置机制的有效运行;另一方面是作为智力资本网络重要组成部分的关系资本网络与市场交易网络的重合。市场交易者通过关系资本网络,可以降低搜寻合作伙伴的成本,可以减少契约履行的监督成本,从而降低资源配置的成本。[①]

正如前文所述,区域智力资本产权归属的清晰化,能够提高市场资源优化配置的效率。在知识经济时代,智力资本是市场交易中最核心的要素,由于智力资本产权的所有者拥有排他性的所有权和独占性的使用权,资源产权的需求者要获得资源的产权就必须支付价格,而这种价格是根据市场机制,根据资源的稀缺程度来定价的,这种定价的结果是资源向使用效率高的需求者手中流动和集中,可以说智力资本市场化定价,强化了资源的最佳配置和最优利用。

(二)区域智力资本对区域内政府配置机制的影响

政府配置资源的方式又称为政府宏观调控机制。区域智力资

---

① 张其春:《智力资本影响区域经济发展的机理分析》,《长春工业大学学报》(社会科学版)2009年第6期。

本中的结构资本是政府宏观调控的重要表现方式,也是其效率的直接体现,政府绩效考核的重点就是对其所提供的结构资本的效果进行考核的过程。政府通过提高人力资本存量,即公务员的整体素质和服务水平,从而增强政府的宏观调控能力和经济管理能力,提高宏观调控的科学性和有效性,促使国民经济运行系统从无序向有序转化,减轻社会经济周期波动和震荡。①

政府宏观调控手段和工具的创新同样也是区域创新资本的重要体现,尤其在区域经济一体化的今天,传统的宏观调控工具,如利率、准备金率和税收等工具的局限性已经逐渐凸显,这时地方政府就需要考虑利用宏观政策工具的组合来实现经济发展的目标。2007 年美国爆发的金融危机席卷全球,同时也暴露出政府的监管漏洞,给政府监管带来了深刻的教训,要求政府对现代化的监管手段和监管制度进行不断的完善,这些都属于关系资本的范畴,其对于区域经济发展的重要性甚至超过了技术创新等显性资本,同样属于创新资本的范畴。

---

① 张其春:《智力资本影响区域经济发展的机理分析》,《长春工业大学学报》(社会科学版)2009 年第 6 期。

第三章 区域智力资本的价值实现分析

随着知识经济和信息时代的到来,智力资本在经济发展中的作用越来越大,智力资本创造的价值也越来越多。智力资本只有在具备一定的要素条件下才能实现其价值,才能转变成财富,才能显现出智力资本价值增值性和利益长久性的本质。这些要素主要有人力资本要素、关系资本要素、结构资本要素和创新资本要素。

第一节 区域智力资本的价值创造

创造价值是经济活动的永恒主题,区域经济发展的目标就是不断创造价值。在以实物资产和货币资产为主导的经济时代里,经济主体是利用有形资产的投资和管理来创造价值的,关心的仅仅是货币资金、存货、厂房、设备等实物资产和货币资产。① 进入知识经济时代后,经济主体处在一个信息和环境不断变化的国际市场中,传统的价值创造模式逐渐发生了变化。工业经济条件下的经济增长遵循"收益递减"的原理,也就是说按照经济增长函数,资本和劳动力的投入必须按同一比例进行,如果一方投入过

---

① 谢志华、郑职权:《无形资产价值:创造与实现》,《会计之友》2006 年第 9 期。

多,就会造成收益递减,实物资产和货币资产的成本优势和规模经济带来的效益减少。而知识经济条件下的经济增长却表现为收益递增,智力资本以其独特的价值创造方法,以收益递增的方式促进经济的发展,成为经济主体价值创造的主要因素。

知识经济时代的到来,使智力资本在价值创造中的地位凸显,智力资本价值创造的方式得到进一步地扩展和延伸,经济竞争从传统的货币资本积累、实物资本投资和规模扩张转向智力资本的获得。区域创造价值的基础就是获取竞争优势,而这种竞争优势必须具备两个条件:一方面,区域的竞争优势必须是独特且持续的;另一方面,从区域的竞争优势中获得的产出必须大于对区域竞争优势的投入。而以智力资本为基础的竞争优势之所以能为区域创造价值就在于它满足了这两个条件,一是智力资本的独特性。在特定文化和作用机制下,区域内的知识和制度汇集、排列、组合,创造出某种竞争优势,这种优势在一定程度上来说是区域内特有的,不易被竞争对手模仿复制。这就意味着区域一旦建立起以自身的智力资本为基础的竞争优势,将能够持续地获得递增效益。二是智力资本的收益递增规律。此外,区域智力资本具有本质上的不排他性和产权上的部分排它性。不排他性使其产生了溢出效应,即一种新知识或方法在单个企业或部门的运用会很快对其他企业或部门产生示范作用,从而形成外部经济效应,产权上的部分排他性则使其产生了内部经济效应。区域人力资本、关系资本、结构资本、创新资本以及综合协同力作为知识经济时代的区域智力资本要素,已经成为区域价值创造不可缺少的能量源泉。[①]

---

①　刘晓明、于君:《智力资本价值创造理论研究述评及未来研究》,《工业技术经济》2010 年第 5 期。

一、人力资本要素创造价值

人力资源是区域经济最具活力的资源。在知识经济时代，区域人力资本的价值无处不在，人力资源的教育水平、健康水平和社会保障水平在区域的价值创造过程中起到了不可替代的作用。专利、创意、新产品、新工艺开发等无形资产中也包含了人力要素的独特价值。人的智慧是创新之源，因而，人力要素是价值创造的源泉。同时，随着产品概念的延伸，人力要素也成为价值创造的产品，人力要素的交易开创了市场的新纪元。新兴猎头公司把人才当成产品来经营，挖掘、培养人才，直至出售人才，成为价值创造的重要方法。

市场经济条件下各种经济竞争行为归根结底是人力资本的竞争，因为人力资本不但是知识的载体，更是先进知识应用和发挥效用的载体，一个区域要想创造出越来越多的利益，就必须借助人力资本的力量。各行各业都在努力挖掘本行业所需要的人才，借此推动自身的竞争能力。但是人力资本的流动基本上趋向对其自身发展有利的环境和岗位，这对于弱势的区域经济体而言是不利的，但不等于说弱势区域经济体就得不到所需的人力资本。关键在于如何因地制宜地制定和实施本地引进人才的机制，使本地区域经济体已有的智力资源得到较快的补充与提高，密切本地区域经济体同其他经济体的联系，从而最大限度地实现人力资本价值。当前，以人力资本作为经济要素的流动来带动本地区域经济体的快速发展，已经成为很多区域经济体发展的一个很重要的特征。

二、关系资本要素创造价值

在知识经济时代，经济全球化和区域经济一体化的发展趋势使区域价值目标由自身利益最大化向利益相关者价值最大化转移。国际、国内和区域内的关系往来和价值链条已经演变成为有机的价值网络。关系资本是一种以经济贸易和社会交往为载体，通过信任规范机制及成型化关系网络产生商业信誉和社会信任，进而配置经济资源和社会资源的方式，它既包括经济个体的行为方式，更折射社会整体的价值体系。以价值为驱动力的利益相关者群体价值创造活动是持续的制度化交易。这种交易的持续制度化就是一种联盟型关系网络的建立①，一旦终止，就会威胁到经济体的未来和各利益相关者的利益。同时，关系网络已经得到市场的价值认可，并且关系网络的交易正在由隐性向显性转变，关系资源的出售能够创造价值。由此可知，关系要素蕴含着巨大的经济价值。

三、结构资本要素创造价值

传统经济理论认为，依靠那只"看不见的手"就能协调和组织好整个经济活动。但是，在区域经济活动中，任何一个项目的完成都需要进行讨价还价、契约议定、执行和监督等等。这些交易成本的存在会使得交易不经济，甚至无法完成预期目标。良好的制度安排、优化的政府效能和高效的流通机制能够有效地激励员工、降低交易费用、提高生产效率、明晰产权和责权关系，创造区域价值；而差的制度、低效的政府会降低员工的工作积极性和创新能力，增加交易成本，阻碍经济的发展，损害区域价值的创造。正是由于结构资本能够创造价值，良好的制度安排和流通机制理所当然地成

---

① 王晨、茅宁：《以无形资产为核心的价值创造系统》，《科学学研究》2004年第4期。

为一项可以出售的优质产品。因而,结构资本也是区域价值创造的因素之一。[①]

四、创新资本要素创造价值

区域经济要谋求可持续发展,离不开自主创新,通过理念创新、技术创新和模式创新来提升创新资本价值。从区域经济发展的角度来说,创新资本的价值创造更多的是通过建立一种制度、一种理念或是文化,来增大创新的概率和提高创新带来的区域价值。创新实际上指一种带来变化的改变,更多的是在强调一种变化,而不在于变化的大小,新的思想、方法或工艺都可能开辟新的市场领域,创造相当大的价值。对于区域经济活动来说,创新的真正意义在于能够被有效转化到经济活动中并为区域发展带来价值,而不是这种创新的具体形式。区域创新体现了系统和根本,并不是一个要素的变化,而是综合整体要素的变化,常常可能涉及区域多个要素的变化,是一种集成上的创新。

五、区域智力资本价值创造潜力

价值创造潜力与传统意义上的价值创造能力存在很多不同。在形式上,价值创造能力着重经济主体的外在表现,价值创造潜力强调隐性智力资本与显性智力资本的结合。在发生时间上,价值创造能力衡量的对象是已经创造了经济价值的智力资本,是可以作为政府绩效评价与考核的,而价值创造潜力则重点考察未来可能带来区域价值的智力资本,是为区域经济发展决策提供依据的;

---

① 李经路:《智力资本价值贡献问题研究动态》,《经济问题探索》2011 年第 11 期。

在内容上,两者囊括的范围不同,价值创造能力仅指某一时期真正为区域价值做出贡献的那些智力资本,而价值创造潜力的覆盖面要大一些,还包括某一时期并没有发挥价值创造功能,未来有可能为区域经济发展带来价值的智力资本。在区域经济发展生命周期的不同阶段,由于面临着不同的内外环境,智力资本的价值创造能力所处的状态是不稳定的,就某种智力资本来说,其价值创造能力可能为隐性,也可能表现为显性。不过,无论状态如何,潜在的价值创造能力都是存在的,关键是通过良好的环境和制度促使潜在的智力资本转化为现实的价值。[①]

第二节　区域智力资本的价值实现

尽管智力资本已经成为知识经济时代价值创造的主要驱动因素,但是,如果不能通过有效的智力资本经营,其价值是不能实现的。智力资本经营的成功案例比比皆是,但失败的案例也不胜枚举。因此,智力资本的价值创造能力必须通过有效的方式才能实现。导致区域智力资本价值提升的原因主要包括:一是新增加的智力资本,包括高素质人才的引进、产品品牌的树立、企业组织结构的重组等;二是原来处于隐性状态的智力资本的价值增值作用显现出来,例如,企业激励制度改革使员工士气提升,部分人力资本的价值得以发挥,或者外部市场竞争状况变化让某些原本冻结的关系资本重新焕发生机。[②]　由此可见,除了智力资本总量增加

---

①　原毅军、孙晓华、柏丹:《智力资本的价值创造潜力》,《科学技术与工程》2005 年第 3 期。

②　原毅军、孙晓华、柏丹:《智力资本的价值创造潜力》,《科学技术与工程》2005 年第 3 期。

对区域价值的影响,智力资本的价值创造能力由隐性向显性的转变是增加区域价值的一个重要途径。当然,这种转变是有条件的,如果内部管理制度合理,外部竞争环境有利,则智力资本价值创造能力由隐性向显性转变的可能性会增加;反之,更多智力资本的价值创造能力将变为隐性。① 区域智力资本的价值实现途径主要有以下几个方面。

一、区域智力资本在企业生产过程中实现价值

企业是区域经济活动中最活跃、最有创造力的主体,在区域智力资本价值实现的过程中,企业在生产经营的不同阶段,智力资本以不同的方式实现其价值。

企业的生产经营过程可分为采购、生产、销售和服务四个阶段。在采购阶段,供应商为企业提供生产所需的材料、能源,采购成本、原材料质量直接影响到产品成本。供应的及时性决定了企业生产经营的连续性及与库存相关的各项成本支出。因而,同供应商建立起长期稳定的战略联盟能够实现价值。在生产阶段,先进的管理理念和管理方法、科学的制造工艺和制造流程、快速的信息网络、高效的组织结构、专业化的技术员工组成了现代化的生产制造。生产效率的增进、产品质量的提高、工艺设计的改良、产品成本的降低、新产品新技术的开发,无不是人力要素、良好制度安排、企业内部协同力等智力资本价值的实现。在销售阶段,商品是企业各项资产综合效应的产物,具有企业品牌的商品体现了质量的优劣、价值的高低、产品的功效,承载了企业的文化、信誉、形象,

① 王连芬、张少杰:《知识价值的实现过程及其机理》,《工业技术经济》2005年第2期。

顾客对商品的认同和购买是企业价值的最终实现。在这一阶段，除了商标、信誉、特许经营权外，与客户的长期稳定关系以及企业与外部的协同力等无形资产发挥着重要的价值实现作用。这体现在客户对企业的忠诚度以及社会对产品的满意度等方面。

在服务阶段，技术、价格和服务是企业发展的"三驾马车"，几乎所有的消费者在购买商品时除了考虑质量和价格因素以外，都会考虑企业提供的售后服务。为消费者提供服务的同时，企业也可以得到更多的信息反馈，了解新产品的性能，掌握消费者的需求，培养潜在的客户，制订企业的生产营销计划。同时可以通过已有客户进行品牌宣传，提高产品的知名度。售后服务是企业关系资产的巩固，是人力、制度、综合协同力等无形资产价值实现的保障。在过去的生产经营过程中，企业注重的智力资本仅限于专利、商标、品牌、商誉等，没有认识到关系、人力、制度以及综合协同力的价值创造与实现的突出贡献。然而，随着经济的发展和竞争的加剧，关系、人力、制度以及综合协同力成为了企业价值创造和实现的新动力，应成为企业智力资本战略管理的重要内容。

二、区域智力资本在自身交易中实现价值

区域智力资本价值通常是随着物质资本来实现的，而自身的经营没有得到足够的重视。随着企业形式的创新，专门从事智力资本经营的企业和机构也相继诞生，以前只停留在产品层面的无形资产经营正在向智力资本专业化经营转变，将智力资本视作商品，通过出售、转让、许可使用与特许经营等自身的交易形式，直接实现其价值。智力资本所有者还可以将智力资本对外投资入股，组建新的经济实体，靠投资分红或者股权转让实现价值。无形资产作为投资入股的价值实现方式有一定的特殊性，一是价值实现

的时间周期长。智力资本只要其投资的企业存在,就可逐期按投资比例获得回报,实现价值;二是价值实现存在一定的风险。智力资本的价值回收是以投资的经济实体获利并有现金支付能力为前提的,若有亏损,一般要按投资比例承担有限亏损。智力资本的这种价值实现方式在高新技术产业中运用比较广泛。IBM、微软公司都是以专利技术成立并发展起来的,而且这种方式给企业带来发展机会和获利潜力是巨大的。

三、区域智力资本在扩张中实现价值

扩张是区域发展战略的重要内容,要想实现规模效应就必须选择恰当的扩张途径。在经济日益全球化的世界里,一切经济价值、经济增长和战略实力,实际上均来自创新,即智力资本的扩张[①]。区域智力资本的扩张是区域经济发展的客观要求,区域智力资本的扩张速度决定着知识经济发展的速度。而且区域智力资本的内在扩张具有无限性,因为智力资本具有长久增值特征。对于长期、持续的发展而言,区域智力资本将会成为未来企业价值设计或核心竞争力的根本资源。利用智力资本扩张,就是经济体利用人力资本优势、关系资本优势、结构资本优势和创新资本优势,通过联合、参股、控股、兼并等形式实现资产扩张。智力资本扩张是一种成本低、投资省、成功率高的资本扩张方式,其最大的优势在于能够盘活有形资产。利用智力资本进行融资也是扩张的途径之一,其主要方式有:信用型融资。①即利用政府和企业财务上的良好信用,在金融市场上获得优先取得银行贷款、优先发行企业债

① [英]爱德华·德·波诺:《六顶思考帽:迅速搭建智力资本扩张的平台》,冯杨译,科学技术出版社 2004 年版。

券、优先发行上市股票的权力。②惠利型融资。它的运作特点是，全方位地展现政府和企业的智力资本优势，让项目合作者在价格、货源、结算方式等诸多方面给予优惠待遇。③引资型融资。它是指政府和企业在资金严重不足的情况下，利用自己独特的智力资本，借助自身在长期发展中积累的资源及良好声誉，运用智力资本通过合资经营、合作经营来吸收外来资金，解决自身的资金短缺。④智力资本抵押贷款。它适用于拥有创新资本的创业者，通过专利权、著作权等智力资本向银行作抵押或质押，获取银行贷款，弥补资金缺口。

智力资本的价值创造与实现能力，代表着一个经济体经济技术实力和竞争能力，代表着一个国家或地区的综合实力和形象价值。所以，智力资本的价值实现是区域经济发展的源动力。

第三节 区域智力资本价值实现的影响因素

一、观念障碍

工业经济时代的经济发展理论是以实体资本（包括货币资本和实物资本）为基础的，不确认智力资本。认为实体资本是经济增长的决定因素和主要动力，是社会经济权力的中心，社会的基本经济制度是资本雇佣劳动制，企业的治理结构是以实体资本为中心的结构，即实体资本出资者承担经营风险，并享有利润的控制权和索取权。认为利润是实体资本创造的，因而属于实体资本出资者，员工被看作是被雇佣者，其回报仅仅体现为工资费用，利润表只站在实体资本所有者立场反映其投资回报。资产作为一种经济资源，主要是指有形资产，虽然也不排除知识、智力等无形资产，但由于各种原因,无形资产在企业资产中始终只占次要的地位。作为经济主体的政府和企业,对智力资本的价值也认识不足,忽视智力资本在经济发展中的作用,对智力资本的研发和投入不够。当前来自人们观念上的阻力及其各种潜在风险是智力资本价值实现的严重障碍之一。[①]

二、制度障碍

传统的会计制度主要是为实体资本出资者和债权人服务的,其基本任务是站在实体资本出资者和债权人的立场,记录企业发生的经济事项,反映企业实体资本的运动状态,帮助他们进行风险决策和业务监控,从而保证其收益的最大化和风险的最小化。资本计量主要服务于财务资本,对于智力资本只是反映了一部分,如特许权、专利等资产,大部分关系到企业和区域经济发展的智力资本,如人才、客户资产、结构资本与创新资本等却没有进行会计确认、计量、记录和报告。且就目前会计所核算的智力资本而言,也只是反映其历史成本,并未反映其真实价值,主要原因有以下几个方面:首先,传统的会计方法是为核算财务资本而设置的,并不反映智力资本的真正价值;其次,智力资本的产权归属和界定等实质问题未能解决,并未从根本上明确智力资本是企业的资本和财富;再者,智力资本在经济发展中的地位,无法调动智力资本所有者的积极性和创造性。[②]

---

① 张梅良:《影响我国企业智力资本价值难以实现的原因分析》,《经济师》2007 年第 6 期。

② 张梅良:《影响我国企业智力资本价值难以实现的原因分析》,《经济师》2007 年第 6 期。

三、管理障碍

智力资本管理的法律法规不健全,也是影响智力资本价值实现的原因之一。20世纪80年代以来,虽然颁布了《商标法》、《专利法》、《著作权法》和《计算机软件保护条例》等与智力资本相关联的法律法规,还有部分关于保护知识产权的国际公约,如《商标国际注册马德里协定》、《建立世界知识产权组织公约》和《保护公约产权巴黎公约》等,但与发达国家相比,法律法规体系还不够完善。在实际中对智力资源作为资本的地位,往往难以找到明确的理论依据,从现有的法规中也得不到支持。例如,我国《公司法》规定,以工业产权、非专利技术出资不得超过公司注册资本的百分之二十,即使是高科技企业,也不得超过百分之三十五。知识经济条件下,知识和智力被认为是生产的重要要素,它在生产过程中的作用能超过有形资产,所创造的价值也大大超过有形资产,在这种情况下,经济主体不再被简单地认为是由实体资本所有者的投资形成的生产和财务单位,而被认为是智力资本与非智力资本(实体资本)订立的特别市场契约,智力资本所有者与非智力资本所有者共担风险、共享权益,利润是智力资本和非智力资本共同投入所产生的回报。[①] 因此,智力资本是企业的一项非常重要的资产形式。不正视这一事实,而仍将智力资本排除在企业的资产形态之外,不加以反映和核算,显然是与客观经济环境相背离的。

四、自身障碍

智力资本自身的某些特征也是其价值实现的障碍。智力资本

---

① 戴建军:《知识经济对会计的影响》,《现代企业》2007年第7期。

投资收益的部分独占性和外部效用不利于智力资本的价值实现，智力资本的所有者在一定程度上无法阻止其他人享用智力资本带来的效益。智力资本在研发过程中的高风险性抑制了智力资本的开发，创新是开发智力资本的有效途径之一，创新就意味着风险，智力资本的获利能力会随着外部环境的变化而不断变化，道德风险和逆向选择行为的存在都有可能使智力资本的回报率低于期望值。智力资本的无形性、不可交易性及价值不稳定性，导致智力资本易流失，也影响智力资本的价值实现。

总之，区域智力资本价值在实现过程中还存在众多的问题和障碍，影响因素来自于社会、企业和其自身，需要政府和相关企业不断地努力和克服，使区域智力资本最大限度地实现其价值。

第四节　区域智力资本价值体系构建

在知识经济及经济全球化的大背景下，智力资本日益成为区域经济发展的核心竞争力。构建区域智力资本价值体系是区域经济可持续发展的必然要求。以市场为导向，以价值为追求，构建基于价值的区域智力资本价值体系，催生并确立新的价值导向型管理模式，使之成为获取区域竞争优势的有力支撑，可以为区域发展提供根本价值判断标准，在增强区域竞争力、实现可持续发展中具有极为重要的作用。

一、构建原则

价值是区域经济发展的唯一理由，区域智力资本价值体系构建的基本原则是价值准则，以智力资本价值最大化为目标。在世界经济一体化的今天，任何地区都处在一个大的经济运转体系之中,有竞争,有合作,同生共赢是大势所趋。各单元只有在价值链上共同创造价值,共同提升整体价值,才能共享发展的成果。所以说价值准则是区域智力资本价值体系的第一要义。

二、区域智力资本价值体系

构建区域智力资本价值理论体系,逻辑结构上可分为三个理性的层次:一是目标层次,指区域智力资本价值的实现;二是动力层次,是区域智力资本诸要素的协同能力;三是规范层次,是区域智力资本价值理论研究需要解决的六个问题:一是关于区域智力资本价值形成机理问题,分析区域智力资本如何形成区域价值;二是关于区域智力资本价值创造的源泉问题,探索人力资本在区域智力资本价值创造中的作用;三是关于区域智力资本价值评价问题,设计区域智力资本价值评价的方法及指标体系;四是关于区域智力资本价值的获取方法问题,研究如何从人力资本中、从关系资本中、从组织结构资本中获取价值;五是关于区域智力资本价值实现的激励问题,探讨需要建立什么样的区域智力资本价值实现的激励模型,以及与此有关的策略和方式;六是关于区域智力资本价值提升的知识管理问题,分析如何通过知识管理提升区域智力资本价值。

研究区域智力资本价值理论,一是提升区域竞争优势的需要。区域智力资本作为区域发展的稀缺资源,谁最先获取谁就能获得竞争优势。为了获得竞争优势,需要通过研究,使区域经济发展主体掌握获取、创造和管理智力资本的方法与策略。二是丰富区域经济发展理论的需要。在区域经济发展理论中目前尚缺少如何利用智力资本创造价值、实现价值、评价价值,通过激励机制提升区域智力资本价值的理论和方法体系。建立系统的区域智力资本价值理论和方法体系,对于丰富和发展区域经济发展理论体系具有重大的理论意义。三是增强区域可持续发展能力的需要。可持续发展概念的提出表达了全球对于人、自然、社会三者和谐共生的深切关注,这是对进入工业化社会以来人类片面追求经济增长导致的各种严重环境后果的反思与修正。培养区域可持续发展能力是实现区域可持续发展的关键,区域智力资本价值研究为区域可持续发展指出了新的发展思路和方向,是对区域经济发展理论的细化与解构,是对可持续发展理论的具体回应。

第四章 区域智力资本评价指标体系的构建及其测评

区域智力资本作为附着、积淀于组织之中的知识与价值,具有特定区域属性,其价值主要通过区域智力资源的聚集以及内部智力资源的开发过程实现,并作用于经济系统,促进系统结构的改善与产出水平的提升。[①] 由于区域智力资本发展是一个随时间不断发展和更新的过程,为了对区域智力资本实施有效的持续性的测评和管理,本章提出了区域智力资本测评及管理模型,描述区域智力资本随时间不断更新和发展的过程和机制,为区域智力资本的测评和管理提供一个综合性的框架。

区域智力资本评价体系利用核心资源的集合,通过对各指标的测度与评价来衡量区域智力资本过去、现在以及将来的发展情况。这些智力资本是本区域所特有的,难以复制,决定了本区域的发展模式、区域创新能力、区域文化和区域发展水平等,是区域创新以及可持续发展的基础。从区域发展能力综合观的角度看,为了保持区域的经济增长和可持续发展,仅仅依靠区域内所拥有的

---

① 蒋艳:《基于 BSC 的企业智力资本计量与报告研究》,中南大学 2010 年硕士论文。

强大的、网络化的、有竞争力的智力资本集合是不够的,还必须拥有适宜其价值实现的环境,这是区域经济发展的核心所在和区域未来竞争力表现的重要依托。经过对智力资本的内涵进行层层分解,在逐步细化各层次经济含义基础上,最终获得了包含 4 个层次,48 个基础指标的多层次单项指标体系,使我们得以在微观层次上对智力资本的各个侧面进行描述和评价。

第一节　区域智力资本评价指标体系的构建

一、指标体系的构建原则

指标体系是否科学、合理,直接关系到评价的质量。为此,指标体系必须尽可能全面地反映影响系统的所有因素。确定区域智力资本评价指标体系的具体内容之前,首先要明确评价体系的构建原则。区域智力资本系统评价指标体系的建立一般应遵循以下几个原则。

第一,系统性。指标体系的构建必须包括研究对象的各个方面,力求把握其全部信息。由于区域智力资本是由区域人力资本、区域结构资本、区域关系资本和区域创新资本四个相互依存的子系统构成的体系,所以,创建的指标体系一定包含上述研究的四个方面,以反映智力资本的整体性。

第二,代表性。指标的选择要全面,但应该区别主次、轻重,要突出带全局性而又极为关键的影响因素。通过对区域智力资本内涵的深入分析可以发现,区域智力资本的各个构成部分都存在一定的关联性,如果不顾及这些关联因素的存在,就会在指标体系中因指标间的高度重叠和高度相关而导致指标的评价误差。所以,必须过滤掉关联因素,使指标更加具有代表性。

第三,可比性。指标体系中同一层次的指标,应该满足可比性的原则,即具有相同的计量范围、计量口径和计量方法,指标取值宜采用相对值,尽可能不采用绝对值。这样使得指标既能反映实际情况,又便于比较优劣,从而能在不同规模、不同性质的地区之间进行比较评价。

第四,实用性与可操作性。指标的设计要求概念明确、定义清楚,能方便地采集数据,要考虑现行的发展水平,并且有利于系统进行改进。具体指标设置不宜过多、过细,要便于信息的收集和汇总;并且同类指标之间要能够比较,同一指标要具有历史可比性,保留核心指标,突出效果。数据采集难度宜小,尽可能采用现行的国家和甘肃省的统计口径。

二、指标体系的选取

国内外的许多研究人员和机构对有关智力资本的测量和评价进行了一系列的实证研究和分析,但由于智力资本的无形性、主观性和动态性,决定了计量智力资本的难度,目前还没有形成一套普遍认可的评价指标体系。斯图尔特于 1997 年提出智力资本的 H—S—C 结构,即智力资本的价值体现在人力资本(Human Capital)、结构资本(Structure Capital)和顾客资本(Custom Capital)之中。瑞典斯堪的亚公司设计的称为导航器的动态智力资本测量模型,主要测量财务、顾客、流程、更新与发展和人力资源五方面的内容,基本上主导了随后智力资本理论框架的发展。[①] 安妮·布鲁

---

① 袁艺、袁一骏:《智力资本测量模型评述》,《外国经济与管理》2002 年第 8 期。

金将智力资本定义为由市场资产、知识产权资产、以人力为中心的资产和基础结构资产四个部分紧密结合的混合物。她提出智力资本审计测量模型来识别并计算智力资本价值。① 实际上安妮·布鲁金关于智力资本的定义与斯堪的亚模型的内涵基本相同，只是名称不同而已。斯维比（K.E.Sveiby）于 1997 年提出无形资产监视器模型，其内容包括外部结构（即商标、顾客和供应商关系等）、内部结构（即管理、员工态度和研究与发展（R&D）等）和员工个人能力。② 国内许多学者根据斯堪的亚的智力资本模型，构建适合于企业评估智力资本发展水平的测度框架。

上述几种主要的智力资本测量模型，从不同角度对智力资本进行了细致的分类，针对不同类别的智力资本设计特定的指标体系，为智力资本的测量做出显著贡献。但现有的智力资本测量模型普遍存在以下问题：一是现有的大多数智力资本模型的结构和指标都很相似，其区别仅在于名称有所不同，而实际上智力资本测量模型混乱的命名方法会大大削弱模型的有效性和概括性，因此建立一套通用的体系非常重要；二是现有的大多数智力资本模型都是针对公司层面的智力资本，不适合于区域的评价，对区域层面或国家层面的研究比较少。

借鉴斯堪的亚公司智力资本模型和相关学者对智力资本和区域智力资本的构成模型的研究，结合区域经济研究的基本原理，本文从人力资本、关系资本、结构资本和创新资本四种构成要素来研究区域智力资本。人力资本是指人们所具备的分析能力、综合能

---

① ［英］安妮·布鲁金：《智力资本——第三资源的应用与管理》，赵洁平译，东北财经大学出版社 2003 年版，第 13 页。

② 蒋艳：《基于 BSC 的企业智力资本计量与报告研究》，中南大学 2010 年硕士论文。

力、集成能力和创新能力,是每个人知识、技术、经验、优秀品质和能力的总和。关系资本在企业层次的模型中也称为顾客资本,即企业同客户、供应商和合作伙伴的关系。在国家层次的智力资本模型中则表示一国同世界各国的交往关系,因此在区域层面则表示一个地区同国内其他地区或世界各国的经贸往来。结构资本是个体人力资本转化为区域人力资本的有效转换机制,为区域经济发展提供结构化的运行平台,结构资本为人力资本创造可以充分发挥作用的良好环境和条件,是智力资本的基础设施。创新资本是经济主体在研究、发明、创业等方面的能力和实际投资,是指区域人力资本在制度资本和结构资本共同形成的基础平台上,主动运用新思维、新知识和新技术等创造区域潜在的未来财富的能力和成果。创新资本基于人力资本和结构资本两者的基础上形成和发展,同时又促进制度资本的发展,是智力资本的核心与中枢环节,决定该区域未来的竞争能力,是反映区域未来发展的那部分智力资本。[①] 四者的关系表现为:人力资本累积在人的智慧、能力和实践经验中,是智力资本价值实现和增值的重要基础;其他三大资本是保证和支持人力资本创造知识、实现知识价值的基础设施或知识平台,是实现人力资本转变为财富的机制。

三、区域智力资本评价指标体系的构建

(一)区域人力资本评价指标体系

人力资本是经济增长的重要要素之一,大量的研究都涉及对人力资本水平的计量。计量方法不同,相应的计量结果就会不同,

---

① [英]爱德华·德·波诺:《六项思考帽:迅速搭建智力资本扩张的平台》,冯杨译,科学技术出版社 2004 年版。

科学的、客观的反映人力资本水平的信息和数据是进行一切有关
人力资本研究的必要前提。

论文对人力资本水平的评价采用建立指标体系法,综合前人
的研究成果,结合甘肃省实际和研究重点的需要,分别以教育水
平、社会保障、体能与健康水平三个方面为二级指标,下设 12 个三
级指标,构建人力资本水平评价的指标体系,如表4-1 所示:

表4-1　区域人力资本(H)水平评价指标体系

教育水平(H_1)	社会保障(H_2)	体能与健康水平(H_3)
人均财政教育支出 H_{11}	抚恤和社会福利支出占 GDP 比重 H_{21}	人均医疗保健支出 H_{31}
人均受教育年限 H_{12}	年末参加养老保险人数占总人口比重 H_{22}	千人拥有床位数 H_{32}
万人在校高中以上学生数 H_{13}	年末参加失业保险人数占总人口比重 H_{23}	千人拥有医生数 H_{33}
从事教育工作人员所占比例 H_{14}	年末参加基本医疗保险人数占总人口比重 H_{24}	人口死亡率 H_{34}

教育水平从教育投入与人口智力素质两个方面共四个指标进
行衡量,其中用人均财政教育支出(H_{11})衡量教育投入;用人均受
教育年限(H_{12})、万人在校高中以上学生数(H_{13})和从事教育工作
人员所占比例(H_{14})三个指标衡量人口智力素质。社会保障包括
抚恤和社会福利支出占 GDP 比重(H_{21})、年末参加养老保险人数
占总人口比重(H_{22})、年末参加失业保险人数占总人口比重(H_{23})
和年末参加基本医疗保险人数占总人口比重(H_{24})四个指标。人
力资本促进经济发展是以劳动力身体健康和体质优良为基础的,
劳动者本身是人力资源的载体,所以劳动者的身体素质和体质状

况对人力资本水平起着基础作用。从劳动者体能和健康状况两个方面,用人均医疗保健支出(H_{31})、万人拥有床位数(H_{32})、万人拥有医生数(H_{33})、人口死亡率(H_{34})四个指标衡量人力资本水平。

(二)区域结构资本评价指标体系

在区域经济发展中,区域结构资本是指各种体制、制度、机制以及社会环境。这些关键的无形资产深深嵌在区域经济体中,形成区域创新知识网络和区域经济发展平台,改善区域经济发展的硬环境,为区域经济发展助力。区域结构资本的指标体系应该包含产业结构、政府效能发挥水平、社会内外部交流机制和信息流通机制四方面的内容。本文以这四个方面为二级指标,下设 15 个三级指标,形成区域结构资本水平评价指标体系,如表4-2 所示:

表4-2　区域结构资本(S)评价指标体系

产业结构 (S_1)	政府效能发挥 水平(S_2)	社会内外部交流 机制(S_3)	信息流通机制 (S_4)
第一产业产值比重 S_{11} 第二产业产值比重 S_{12} 第三产业产值比重 S_{13}	财政收入占 GDP 比重 S_{21} 财政支出占 GDP 比重 S_{22} 政府投资占社会投资总额比重 S_{23}	人均客运总量 S_{31} 人均货运总量 S_{32} 商品价格指数 S_{33} 人均邮电业务总量 S_{34} 万人因特网用户 S_{35} 百人电话数 S_{36}	人均图书总印张数 S_{41} 人均期刊总印张数 S_{42} 人均报纸总印张数 S_{43}

其中,产业结构下设三产业产值分别占 GDP 比重三个指标;政府效能发挥水平从财政收支和政府投资两方面三个指标进行衡量;由于资源流动的对象性和不定向性,将内外部流通水平合并后

通过六个三级指标来衡量;信息流通属于社会流通的一部分,因信息资源流通和经济发展贡献率的特殊性将其单独列出。

（三）区域关系资本评价指标体系

区域关系资本是指区域内部各行为主体之间的相互联系,以及与区域外部相联系的所有无形资源。对内的关系资本是一个区域的内部经济、贸易流动,对外的关系资本是一个区域与其他区域或实体的经济、贸易流动以及国际交流。总的说来,区域关系资本可以从国际贸易往来、国内贸易往来和国际国内人员往来三个方面来反映。其中,国际贸易往来包括进口总额占 GDP 比重、出口总额占 GDP 比重、外商投资总额占 GDP 比重和外商注册资本占 GDP 比重四个指标;国内贸易往来包括社会消费品零售总额占 GDP 比重、规模以上工业产品销售率、货物和服务净流出占 GDP 比重、限额以上批发和零售业商品购进总额占 GDP 比重和限额以上批发和零售业商品销售总额占 GDP 比重五个指标;国际国内人员往来包括入境旅游人数占全国比重和国际旅游收入占 GDP 比重两个指标。具体指标体系如表4-3所示。

表4-3 区域关系资本（R）评价指标体系

国际贸易往来（R_1）	国内贸易往来（R_2）	国际人员往来（R_3）
进口总额占 GDP 比重 R_{11}	社会消费品零售总额占 GDP 比重 R_{21}	入境旅游人数占全国比重 R_{31}
出口总额占 GDP 比重 R_{12}	规模以上工业产品销售率 R_{22}	国际旅游收入占 GDP 比重 R_{32}
外商投资总额占 GDP 比重 R_{13}	货物和服务净流出占 GDP 比重 R_{23}	

国际贸易往来(R_1)	国内贸易往来(R_2)	国际人员往来(R_3)
外商注册资本占GDP比重 R_{14}	限额以上批发和零售业商品购进总额占GDP比重 R_{24}	
	限额以上批发和零售业商品销售总额占GDP比重 R_{25}	

（四）区域创新资本水平评价指标体系

科技创新水平是区域经济发展的潜在能力的集中体现,高的科技创新水平决定了区域经济发展的水平和发展潜力。区域创新资本包括专利、商标、版权、数据库等,是科学技术产生、引进、转化和扩散的综合能力。本文从创新投入、创新产出和创新人员和机构三个方面来设计区域创新资本指标体系,如表4-4所示。

表4-4　区域创新资本(I)评价指标体系

创新投入(I_1)	创新产出(I_2)	创新人员(I_3)
人均教育经费支出 I_{11} 各级教育生人均预算内教育事业费 I_{12} 人均 R&D 支出 I_{13} 万人科研项目数 I_{14}	技术市场成交额占 GDP 的比重 I_{21} 发明授权数 I_{22} 实用新型授权数 I_{23} 外观设计授权数 I_{24}	万人科技人员数 I_{31} 万人科学家和工程师人数 I_{32}

其中,创新投入包括人均教育经费支出(I_{11})的比重、各级教育生人均预算内教育事业费(I_{12})、人均 R&D 经费支出(I_{13})和万人科研项目数(I_{14})四个指标;创新产出包括技术市场成交额占 GDP 的比重(I_{21})、发明授权数(I_{22})、实用新型授权数(I_{23})和外观

设计授权数(I_{24})四个指标;创新人员包括万人科技人员数(I_{31})和万人科学家和工程师人数(I_{32})两个指标。

区域智力资本评价指标体系结构如图4-1。

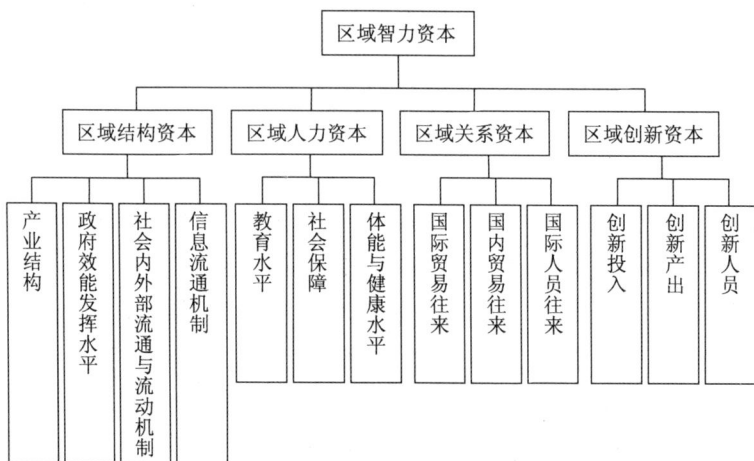

图4-1　区域智力资本评价指标体系结构

第二节　全国各地区区域智力资本测评

一、方法选取

在研究实际问题时,指标体系的构建存在诸多难度,系统性、全面性和可操作性往往不能同时满足,所以正常情况下都会尽可能多地收集指标变量,以期望能对问题有比较深刻和全面的认识,但是在实际数据建模中,这些变量不一定能够真正发挥作用。除了信息量大引起的计算复杂以外,还有指标变量间的相关性问题,指标变量间的高度重叠和高度相关会给统计方法的应用带来许多障碍。为解决这些问题,最直接的方法就是削减变量个数,但这又会导致信息丢失和信息不完整。所以本章利用因子分析方法,对指标体系进行降维处理,使其反映数据的本质特征,然后将数据的信息转换成公共因子的因子值,再分别加权,这样既避免了大量数据引起的指标变量重叠问题又解决了降维后的信息缺失问题。利用因子分析法得出各地区智力资本水平,对各区域智力资本水平差距进行分析,得出较为准确可靠的结果。

(一)因子分析的数学模型

因子分析的目的是使用较少的相互独立的变量反映原有变量的信息。设约有 n 个变量 $x_1, x_2, x_3, \cdots, x_n$,且每个变量的均值为 0,标准差均为 1,将每个原有变量用 k 个因子$(f_1, f_2, f_3, \cdots, f_k)$的线性组合表示:

$$\left.\begin{cases} x_1 = a_{11}f_1 + a_{12}f_2 + a_{13}f_3 + \cdots + a_{1k}f_k + \varepsilon_1 \\ x_2 = a_{21}f_1 + a_{22}f_2 + a_{23}f_3 + \cdots + a_{2k}f_k + \varepsilon_2 \\ \cdots \\ x_n = a_{n1}f_1 + a_{n2}f_2 + a_{n3}f_3 + \cdots + a_{nk}f_k + \varepsilon_n \end{cases}\right\}$$

用矩阵的形式表示为:

$$X = AF + \varepsilon$$

其中 $F(f_1 f_2 f_3 \cdots f_k)^T$ 称为因子,由于它们出现在每个原有变量的线性表达中,因此又称为公共因子。其中:

$$X = \begin{bmatrix} X_{11}?? & X_{12}?? & X_{13} & \cdots & X_{1k} \\ X_{21}?? & X_{22}?? & X_{23} & \cdots & X_{2k} \\ \cdots\cdots \\ X_{n1}?? & X_{n2}?? & X_{n3} & \cdots & X_{nk} \end{bmatrix}$$

$$A = \begin{bmatrix} a_{11}?? & a_{12}?? & a_{13} & \cdots & a_{1k} \\ a_{21}?? & a_{22}?? & a_{23} & \cdots & a_{2k} \\ \cdots\cdots\cdots & & & & \\ a_{n1}?? & a_{n2}?? & a_{n3} & \cdots & a_{nk} \end{bmatrix}$$

a_{ij} 表示第 j 个公共因子对第 i 个原始变量的解释程度,称为因子载荷量,它揭示了第 i 个变量在第 j 个公共因子上的相对重要性。当 a_{ij} 的绝对值越大时,表明公共因子 f_j 对原始变量 X_i 的相关程度越大。ε_i 是各对应变量 X_i 所特有的因子,称为特殊因子,通常假定 $\varepsilon_i \sim N(0, \sigma_i^2)$;因子分析的目的是求出因子载荷阵 A,然后预测公共因子 $f_1, f_2, \ldots, f_k$,并对其给出合理的解释。

(二)因子分析的基本步骤

围绕原有变量提取因子的核心目标,因子分析主要涉及四个步骤。

1.因子分析的前提条件

因子分析的主要任务之一是对原有变量进行浓缩,即将原有变量中的重叠信息提取出来成因子。但是前提是原有变量之间具有较强的相关关系,所以在进行因子分析之前必须确定原有变量之间是否具有较强的相关性,从而确定是否适合进行因子分析。

为了避免不同量纲对评价结果的影响,在对原有变量进行相关性分析之前必须对原有变量进行标准化处理,本文采用非线性标准化方法:

$$y_{ij} = \frac{x_{ij} - \min(x_j)}{\max(x_j) - \min(x_j)} \quad (i = 1, 2, 3, \cdots n \quad j = 1, 2, 3, \cdots k)$$

x_{ij} 为原始变量,$\min(x_j)$ 为第 j 个变量的最小值,$\max(x_j)$ 为第 j 个变量的最大值。

2.因子提取

因子分析的关键是根据样本数据求解因子载荷矩阵,因子载荷矩阵的求解方法在本文中使用基于主成分模型的主成分分析法。根据因子的累积方差贡献率确定因子数,以累积方差贡献率大于85%确定主因子数(或根据特征值大于 1 的原则确定主因子数)。前 k 个因子的累积方差贡献率定义为:

$$a_k = \sum_{i=1}^{k} S_i{}^2/n = \sum_{i=1}^{k} \lambda_i / \sum_{i=1}^{n} \lambda_i$$

λ_i 表示相关关系矩阵 R 的特征根。

3.使因子更具有命名解释性

将原有变量综合为少数几个因子后,如果因子的实际意义不清,则不利于进一步分析,但是在很多情况下,由于指标变量之间没有明确的特性归类,不一定能够取得因子命名的可解释性。这里通过因子转换,使一个变量值在尽可能少的因子上有比较高的荷载。为了保证新生成的因子之间仍然具有高的相关性,我们采用正交旋转方式。

4.计算因子得分

计算因子得分是因子分析的最终目标,当因子确定之后,便可以计算各因子在每个样本上的具体数值,这些数值称为因子得分,形成的变量称为因子变量。计算因子得分的途径是使用原有变量来描述因子,权数的大小表示了变量对因子的重要程度,有:

$$F_{ji} = \omega_{j1}\bar{x}_1 + \omega_{j2}\bar{x}_2 + \omega_{j3}\bar{x}_3 + \cdots + \omega_{jn}\bar{x}_p \quad (j=1,2,3,\cdots,k)$$

上式称为因子得分函数。由于因子个数 k 小于原来的变量个数 n,因此上式方程的个数少于变量的个数。再得出因子变量 F_j 的因子值系数,就可以利用上面方程计算出每一个因子在各个样本上的因子得分。

（三）因子分析法的适用性分析

因子分析法要求原有变量之间具有较强的相关关系，这样才可以从原有众多变量之中提取出少量具有代表意义的综合因子变量。区域智力资本指标体系中的变量之间都具有较强的相关关系，这就使采用因子分析法具备了前提条件。

用构建指标体系方法研究问题时，各指标权重的确定是研究的重要环节，主观赋值的方法有一定的随意性，而且受研究者知识水平制约比较明显。通过对主因子累计贡献率的考察可以确定各主因子权重，这种方法具有一定的科学性，在一定程度上可以保证研究结论的客观性。

在指标体系较为庞大的研究中，数据处理一般都需要借助电脑软件完成，因子分析法可以在经济分析软件 SPSS 上运行，保证了研究方法的可操作性。

二、数据收集和整理

本章选择全国 27 个省（自治区）和 4 个直辖市 2010 年指标数据作为横向比较对象，所有原始数据来源于 2011 年《中国统计年鉴》，在原始数据的基础上对指标体系里的每一个指标进行计算，得到了 2010 年全国上述指标体系各指标的数值，具体数据见附录中附表 1、附表 2、附表 3 和附表 4。

三、各区域智力资本测评

为了研究 2010 年全国各区域智力资本与区域经济之间的关系，首先运用 SPSS18.0 对各区域人力资本、结构资本、关系资本和创新资本进行因子分析，提取公共因子，确定各个公共因子累计方差贡献率作为权重。同时，得出各个因子的得分，在各个因子得分的基础上,结合各个因子的权重,再计算出 2010 年全国各个地区人力资本、区域结构资本、区域关系资本和区域创新资本的综合评价值。

（一）全国各地区人力资本水平

1.考察指标变量是否适合进行因子分析

在进行因子分析之前首先考察指标变量之间是否存在一定的线性关系,是否适合采用因子分析法提取因子。我们使用 SPSS18.0 统计软件对各个变量指标进行分析,借助变量间的相关系数矩阵、反映像相关矩阵、巴特利特球度检验和 KMO 检验方法进行分析,输出如表 4-5 所示:

表 4-5　指标变量的相关关系矩阵

						相关系数矩阵						
	H_{11}	H_{12}	H_{13}	H_{14}	H_{21}	H_{22}	H_{23}	H_{24}	H_{31}	H_{32}	H_{33}	H_{34}
H_{11}	1.000	.197	.199	-.370	.677	.401	.639	.505	.449	.700	.716	-.474
H_{12}	.197	1.000	.733	-.750	.253	.774	.813	.830	.846	.707	.779	-.287
H_{13}	.199	.733	1.000	-.549	.153	.618	.629	.539	.671	.495	.607	-.112
H_{14}	-.370	-.750	-.549	1.000	-.255	-.842	-.799	-.807	-.806	-.679	-.725	.374
H_{21}	.677	.253	.153	-.255	1.000	.269	.445	.474	.412	.609	.529	-.357
H_{22}	.401	.774	.618	-.842	.269	1.000	.860	.834	.804	.696	.765	-.275
H_{23}	.639	.813	.629	-.799	.445	.860	1.000	.872	.875	.866	.956	-.464
H_{24}	.505	.830	.539	-.807	.474	.834	.872	1.000	.832	.774	.832	-.451
H_{31}	.449	.846	.671	-.806	.412	.804	.875	.832	1.000	.782	.851	-.446
H_{32}	.700	.707	.495	-.679	.609	.696	.866	.774	.782	1.000	.930	-.459
H_{33}	.716	.779	.607	-.725	.529	.765	.956	.832	.851	.930	1.000	-.516
H_{34}	-.474	-.287	-.112	.374	-.357	-.275	-.464	-.451	-.446	-.459	-.516	1.000

从表4-5的指标变量的相关关系矩阵可以看出,大部分的相关系数都较高,也就是说各指标变量之间存在较强的线性关系,可以从中提出公共因子,因子分析可以进行下去。

由下表4-6可知,巴德利特球度检验统计量的观测值为438.860,相应的概率 p 接近0。如果显著性水平 a 为0.05,由于概率 p 小于显著性水平 a,应拒绝0假设,认为相关系数矩阵与单位阵有显著差异。同时 KMO 值为0.870,根据度量标准可知原有变量适合做因子分析。

表4-6　巴德里特球度检验和 KMO 检验

Kaiser-Meyer-Olkin Measure of Sampling Adequacy.		. 870
Bartlett's Test of Sphericity	df	439. 860
	df	66
	Sig.	. 000

2.提取因子

根据原有指标变量的相关系数矩阵,采用主成分分析法提取因子并选取特征值大于1的特征根。输出结果如表4-7所示。

表4-7　因子分析的初始解(一)

Communalities		
	Initial	Extraction
H_{11}	1. 000	. 829
H_{12}	1. 000	. 884
H_{13}	1. 000	. 648
H_{14}	1. 000	. 772

续表

Communalities		
	Initial	Extraction
H_{21}	1.000	.692
H_{22}	1.000	.829
H_{23}	1.000	.936
H_{24}	1.000	.848
H_{31}	1.000	.874
H_{32}	1.000	.861
H_{33}	1.000	.934
H_{34}	1.000	.454
Extraction Method：Principal Component Analysis.		

表4-7是因子分析的初始解,显示了12个指标变量的共同度数据。第一列是因子分析初始解下的变量共同度,即提取所有变量作为主因子时,所有变量都被完整解释,所以共同的特征值为1。但是实际操作中,进行因子分析的目的在于提取数量较少的因子尽可能完的解释原有变量。第二列是在特征值大于1条件下提取特征根时的共同度。可以看出,除指标变量 H_{34} 以外,其他11个变量的绝大多数信息都可被该提取因子解释,如变量 H_{23} 可被提取因子解释93.6%,可以认为完全解释;但是在共同度大于70%的条件下,变量 H_{13}、H_{14} 远远不能满足,H_{34} 的共同度为45.4%,即被提取因子对变量 H_{34} 的解释能力很弱,只解释了变量信息的45.4%,而丢失了绝大部分变量信息,所以本次因子提取效果不理想。

为了获得比较理性的因子提取结果,重新指定特征值标准,并选择不同的提取因子数量,当选择特征因子个数为四个时,分析结果如表4-8所示。

表4-8 因子分析的初始解(二)

Communalities		
	Initial	Extraction
H_{11}	1.000	.861
H_{12}	1.000	.899
H_{13}	1.000	.927
H_{14}	1.000	.876
H_{21}	1.000	.814
H_{22}	1.000	.899
H_{23}	1.000	.938
H_{24}	1.000	.874
H_{31}	1.000	.881
H_{32}	1.000	.876
H_{33}	1.000	.939
H_{34}	1.000	.990

表4-8是重新制定了特征值,选择提取四个特征因子的分析结果,从提取四个特征因子的共同度来看,所有变量的特征值较高(大于80%),即四个特征因子对大部分指标变量信息给出了比较充分的概括。绝大多数的评价指标与被提取的主因子之间有着紧密的关系,可以认为被提取特征因子对指标变量的解释性较强,包含了原有指标变量的绝大多数信息,满足因子分析的基本要求。所以此次因子提取效果比较理想,可以进一步进行因子分析,分析结果如表4-9所示。

从表4-9可以看出,第一个因子的特征根为 7.943,解释原有 12 个指标变量总方差的 66.19%,累积方差贡献率为 66.19%。第二个因子的特征值为 1.618,解释原有指标变量总方差的 13.484%,累积方差贡献率为 79.6748%。第三个因子的特征值为 0.723,解释原有变量的 6.021%,累积方差贡献率 85.695%。第四个因子的特征根为 0.490,解释原有变量的 4.082%,累积方差贡献率 89.778%。制定提取的四个因子共同解释了原有指标变量总方差的 89.778%。可以看出,原有指标变量信息保存基本完整,因子分析效果比较理想。因子经过旋转后并没有改变各个因子的累积方差和原有指标变量的共同度,只是改变了各因子的方差贡献。

表4-9 因子解释原有变量总方差的情况

Component		Initial Eigenvalues			Extraction Sums of Squared Loadings			Rotation Sums of Squared Loadings		
		Total	% of Variance	Cumulative %	Total	% of Variance	Cumulative %	Total	% of Variance	Cumulative %
dimension	1	7.943	66.190	66.190	7.943	66.190	66.190	5.083	42.358	42.358
	2	1.618	13.484	79.674	1.618	13.484	79.674	2.728	22.737	65.094
	3	.723	6.021	85.695	.723	6.021	85.695	1.755	14.626	79.720
	4	.490	4.082	89.778	.490	4.082	89.778	1.207	10.057	89.778
	5	.416	3.464	93.241						
	6	.269	2.241	95.482						
	7	.179	1.490	96.972						
	8	.130	1.086	98.058						
	9	.119	.991	99.049						
	10	.066	.548	99.598						
	11	.031	.256	99.853						
	12	.018	.147	100.000						

Total Variance Explained

另外我们还可以看出,第一个因子的特征值 7.943,与第二、第三、第四个因子的特征值 1.618、0.723、0.490 相比明显较大,所以说对原有指标变量的贡献很大。从第五个因子往后,特征值都相对比较小,说明后面 8 个因子对原有指标变量的贡献很小,可以认为已经成为能被忽略的"高山脚下的碎石"(如图 4-2 所示),因此提取四个因子是合适的。

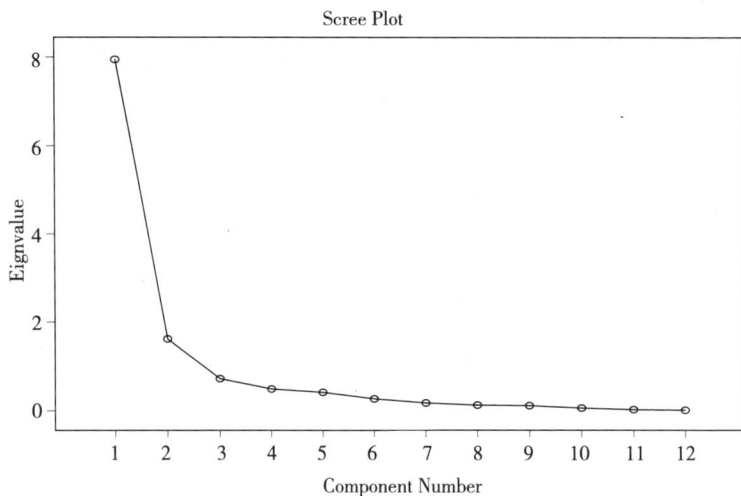

图 4-2　因子碎石图

因子载荷矩阵是因子分析的核心,根据输出结果(如表 4-9 所示)我们可以得出因子分析模型:

$$H_{11} = 0.630f_1 + 0.657f_2 + 0.163f_3 - 0.070f_4$$

$$H_{12} = 0.852f_1 - 0.399f_2 - 0.004f_3 + 0.120f_4$$

$$H_{13} = 0.668f_1 - 0.449f_2 + 0.245f_3 + 0.467f_4$$

$$H_{14} = -0.844f_1 + 0.244f_2 + 0.170f_3 + 0.274f_4$$

$$H_{21} = 0.530f_1 + 0.641f_2 + 0.342f_3 + 0.069f_4$$

$H_{22} = 0.867f_1 - 0.277f_2 + 0.001f_3 - 0.266f_4$

$H_{23} = 0.967f_1 - 0.014f_2 + 0.005f_3 - 0.050f_4$

$H_{24} = 0.919f_1 - 0.057f_2 - 0.063f_3 - 0.152f_4$

$H_{31} = 0.923f_1 - 0.148f_2 - 0.050f_3 + 0.068f_4$

$H_{32} = 0.903f_1 + 0.213f_2 + 0.119f_3 - 0.012f_4$

$H_{33} = 0.958f_1 + 0.122f_2 + 0.041f_3 + 0.058f_4$

$H_{34} = -0.511f_1 - 0.439f_2 + 0.684f_3 - 0.262f_4$

从下表4-10可以看出,所有指标变量的第一个和第二个因子载荷都很高,意味着这些指标变量与这两个因子相关性较高,而其他两个因子载荷相对较低,即与指标变量相关程度低,对原有指标变量的解释作用较弱。从表4-11可以看出,因子之间没有线性相关性,实现了因子分析的设计目标。

表4-10 因子载荷矩阵

	Component Matrix[a]			
	Component			
	1	2	3	4
H_{23}	.967	-.014	.005	-.050
H_{33}	.958	.122	.041	.058
H_{31}	.923	-.148	-.050	.068
H_{24}	.919	-.057	-.063	-.151
H_{32}	.903	.213	.119	-.012
H_{22}	.867	-.277	.001	-.266
H_{12}	.852	-.399	-.004	.120
H_{14}	-.844	.244	.170	.274
H_{13}	.668	-.449	.245	.467

续表

Component Matrix[a]			
	Component		
	1	2	3	4
H_{11}	.630	.657	.163	-.070
H_{21}	.530	.641	.342	.069
H_{34}	-.511	-.439	.684	-.262

表4-11 因子协方差矩阵

Component Score Covariance Matrix					
Component		1	2	3	4
dimension	1	1.000	.000	.000	.000
	2	.000	1.000	.000	.000
	3	.000	.000	1.000	.000
	4	.000	.000	.000	1.000

3.因子得分计算

本文采用回归法估计得到因子得分,如表4-12所示。

表4-12 因子得分系数矩阵

Rotated Component Matrix[a]			
	Component		
	1	2	3	4
H_{14}	-.903	-.115	-.153	-.157
H_{22}	.902	.177	.232	.013

Rotated Component Matrix^{a}			
	Component		
1	2	3	4
H_{24}	.815	.342	.234	.196
H_{23}	.776	.429	.333	.204
H_{12}	.741	.077	.575	.116
H_{31}	.739	.281	.447	.237
H_{33}	.661	.546	.370	.259
H_{21}	.092	.888	.097	.087
H_{11}	.261	.864	-.033	.214
H_{32}	.608	.626	.281	.186
H_{13}	.406	.070	.870	-.023
H_{34}	-.208	-.263	-.020	-.937

根据表 4-12 的输出结果可以写出因子得分：

$F_1 = 0.261H_{11} + 0.741H_{12} + 0.406H_{13} - 0.903H_{14} + 0.092H_{21} + 0.902H_{22} + 0.776H_{23} + 0.815H_{24} + 0.739H_{31} + 0.608H_{32} + 0.661H_{33} - 0.208H_{34}$

$F_2 = 0.864H_{11} + 0.077H_{12} + 0.070H_{13} - 0.115H_{14} + 0.888H_{21} + 0.177H_{22} + 0.429H_{23} + 0.342H_{24} + 0.281H_{31} + 0.626H_{32} + 0.546H_{33} - 0.263H_{34}$

$F_3 = -0.033H_{11} + 0.575H_{12} + 0.870H_{13} - 0.153H_{14} + 0.097H_{21} + 0.232H_{22} + 0.333H_{23} + 0.234H_{24} + 0.447H_{31} + 0.281H_{32} + 0.370H_{33} - 0.020H_{34}$

$$F_4 = 0.214H_{11} + 0.116H_{12} - 0.023H_{13} - 0.157H_{14} + 0.087H_{21} +$$

$$0.013H_{22} + 0.204H_{23} + 0.196H_{24} + 0.237H_{31} + 0.186H_{32} + 0.259H_{33} -$$

$$0.937H_{34}$$

4. 2010 年全国各地区人力资本水平测度

对 2010 年全国各地区智力资本水平的测度以前面确定的主因子得分为基础,所以第一步计算出主因子 F_1、F_2、F_3、F_4 得分,采用因子加权法计算总得分的关键是确定因子权重,考虑到因子分析后提取因子的实际意义的不完全可把握性,这里以四个因子的方差贡献率作为因子权数,即:

$$F = 0.42358F_1 + 0.22737F_2 + 0.14626F_3 + 0.10057F_4$$

计算结果如表 4-13 所示。

表 4-13　2010 年全国人力资本水平综合得分及排名

地区	全国	甘肃	辽宁	江苏	湖北	四川	陕西	广东	河北	山西	河南
得分与排名	0.7073 (20)	0.2062 (27)	1.7007 (4)	1.2129 (9)	0.7350 (18)	0.3154 (25)	0.8159 (16)	1.3997 (6)	0.3896 (23)	1.0159 (12)	0.2896 (26)
地区	吉林	黑龙江	内蒙古	山东	安徽	浙江	福建	湖南	江西	贵州	云南
得分与排名	1.2504 (8)	1.3022 (7)	1.0723 (11)	0.8535 (13)	0.1238 (28)	1.4796 (5)	0.7640 (17)	0.4114 (22)	0.3345 (24)	-0.3582 (32)	0.0084 (31)
地区	宁夏	青海	广西	西藏	新疆	海南	北京	上海	天津	重庆	
得分与排名	0.8410 (14)	0.6280 (21)	0.0258 (30)	0.0774 (29)	1.1100 (10)	0.8201 (15)	3.9551 (1)	3.1901 (2)	2.2459 (3)	0.7083 (19)	

从表 4-13 的计算结果可以看出,2010 年全国人力资本水平各地区之间差距很大。北京、上海、天津等地保持领先,但是云南、贵州、青海等地的人力资本水平很低,与全国平均水平相距甚远。甘肃省人力资本状况不容乐观,排在全国 27 名,略高于安徽,但是

和全国平均水平相比差距较大。

(二)2010年全国各地区结构资本水平

全国各区域结构资本样本数据的 KMO 检验值为 0.608,巴德里特球体检验的卡方检验(Approx.Chi-Square)为 686.202,λ^2 统计值的显著性概率是 0.000,说明数据适合做因子分析。通过对全国各区域结构资本的因子分析,从原始数据(15 个指标数据)中萃取了 5 个公共因子,5 个公共因子可以解释 90.417% 的总方差,如表 4-14 所示。

表 4-14 因子解释原有变量总方差的情况

Total Variance Explained									
Component		Initial Eigenvalues			Extraction Sums of Squared Loadings			Rotation Sums of Squared Loadings		
		Total	% of Variance	Cumulative %	Total	% of Variance	Cumulative %	Total	% of Variance	Cumulative %
dimension	1	7.800	52.001	52.001	7.800	52.001	52.001	4.948	32.988	32.988
	2	2.434	16.226	68.228	2.434	16.226	68.228	4.271	28.471	61.460
	3	1.602	10.683	78.911	1.602	10.683	78.911	1.739	11.591	73.051
	4	1.038	6.918	85.828	1.038	6.918	85.828	1.369	9.125	82.175
	5	.688	4.589	90.417	.688	4.589	90.417	1.236	8.242	90.417
	6	.503	3.357	93.774						
	7	.470	3.135	96.909						
	8	.156	1.043	97.952						
	9	.137	.915	98.867						
	10	.086	.572	99.439						
	11	.033	.223	99.662						
	12	.026	.171	99.833						
	13	.018	.120	99.953						
	14	.005	.034	99.987						
	15	.002	.013	100.000						

根据因子得分系数矩阵,得到全国各区域结构资本公共因子原始变量的因子得分函数:

$F_1 = 0.260S_{11} - 0.092S_{12} + 0.049S_{13} + 0.247S_{21} - 0.044S_{22} - 0.132S_{23} - 0.168S_{31} + 0.204S_{32} + 0.047S_{33} + 0.233S_{34} + 0.194S_{35} + 0.224S_{36} - 0.112S_{41} - 0.103S_{42} - 0.016S_{43}$

$F_2 = -0.105S_{11} + 0.102S_{12} + 0.123S_{13} - 0.168S_{21} + 0.042S_{22} + 0.152S_{23} + 0.284S_{31} - 0.226S_{32} + 0.114S_{33} - 0.084S_{34} - 0.033S_{35} - 0.062S_{36} + 0.339S_{41} + 0.334S_{42} + 0.239S_{43}$

$F_3 = -0.079S_{11} + 0.428S_{12} - 0.131S_{13} - 0.099S_{21} + 0.127S_{22} + 0.612S_{23} + 0.079S_{31} + 0.203S_{32} - 0.021S_{33} - 0.074S_{34} + 0.029S_{35} + 0.010S_{36} + 0.115S_{41} + 0.114S_{42} + 0.116S_{43}$

$F_4 = 0.063S_{11} - 0.302S_{12} + 0.050S_{13} + 0.386S_{21} + 0.654S_{22} + 0.211S_{23} - 0.101S_{31} + 0.145S_{32} - 0.062S_{33} - 0.094S_{34} - 0.185S_{35} - 0.174S_{36} + 0.007S_{41} + 0.005S_{42} - 0.098S_{43}$

$F_5 = 0.059S_{11} + 0.381S_{12} - 0.006S_{13} - 0.220S_{21} + 0.025S_{22} - 0.204S_{23} - 0.102S_{31} - 0.067S_{32} + 0.874S_{33} + 0.006S_{34} + 0.082S_{35} + 0.104S_{36} + 0.168S_{41} + 0.179S_{42} + 0.133S_{43}$

根据因子得分函数,计算出这 5 个公共因子的具体得分,以各因子方差贡献率为权重,对得到的因子得分进行计算可以得到 2010 年全国区域结构资本综合得分,其计算公式为:

$F = 32.988\% F_1 + 28.471\% F_2 + 11.591\% F_3 + 9.125\% F_4 + 8.242\% F_5$

通过指标数据可以计算出 2010 年全国各区域结构资本水平,根据计算结果进行排名,如表 4-15 所示。

表4-15　2010年全国结构资本水平综合得分及排名

地区	全国	甘肃	辽宁	江苏	湖北	四川	陕西	广东	河北	山西	河南
得分与排名	0.4036 (19)	0.4339 (17)	0.5334 (4)	0.4401 (15)	0.3529 (25)	0.4863 (9)	0.5063 (7)	0.3228 (28)	0.3879 (22)	0.4562 (13)	0.4133 (18)
地区	吉林	黑龙江	内蒙古	山东	安徽	浙江	福建	湖南	江西	贵州	云南
得分与排名	0.4363 (16)	0.3837 (23)	0.4798 (12)	0.4523 (14)	0.3946 (20)	0.4804 (11)	0.3385 (26)	0.3294 (27)	0.3889 (21)	0.2635 (32)	0.4828 (10)
地区	宁夏	青海	广西	西藏	新疆	海南	北京	上海	天津	重庆	
得分与排名	0.4911 (8)	0.6584 (3)	0.2935 (30)	0.2955 (29)	0.5308 (6)	0.3699 (24)	0.7543 (1)	0.6985 (2)	0.5328 (5)	0.2890 (31)	

(三)2010年全国各地区关系资本水平

通过对全国各区域关系资本的因子分析,依据特征值大于1从原始数据(11个指标数据)中萃取了4个公共因子,4个公共因子可以解释88.587%的总方差,如表4-16所示。

表4-16　因子解释原有变量总方差的情况

		Total Variance Explained								
Component		Initial Eigenvalues			Extraction Sums of Squared Loadings			Rotation Sums of Squared Loadings		
		Total	% of Variance	Cumulative %	Total	% of Variance	Cumulative %	Total	% of Variance	Cumulative %
dimension	1	5.770	52.452	52.452	5.770	52.452	52.452	3.805	34.595	34.595
	2	1.440	13.087	65.539	1.440	13.087	65.539	2.201	20.006	54.601
	3	1.310	11.907	77.446	1.310	11.907	77.446	2.104	19.123	73.725
	4	1.225	11.141	88.587	1.225	11.141	88.587	1.635	14.862	88.587
	5	.543	4.937	93.523						
	6	.271	2.466	95.990						
	7	.210	1.906	97.896						
	8	.138	1.254	99.150						
	9	.058	.528	99.678						
	10	.034	.310	99.988						
	11	.001	.012	100.000						

表 4-17 显示了因子载荷矩阵,是因子分析的核心内容,根据该表我们可以写出 2009 年全国各区域关系资本分析模型:

$R_{11} = 0.919f_1 - 0.251f_2 + 0.131f_3 + 0.104f_4$

$R_{12} = 0.825f_1 - 0.068f_2 + 0.034f_3 - 0.458f_4$

$R_{13} = 0.540f_1 + 0.343f_2 - 0.681f_3 + 0.091f_4$

$R_{14} = 0.857f_1 + 0.148f_2 - 0.426f_3 - 0.035f_4$

$R_{21} = 0.267f_1 + 0.377f_2 + 0.714f_3 + 0.316f_4$

$R_{22} = 0.560f_1 + 0.658f_2 - 0.017f_3 + 0.334f_4$

$R_{23} = 0.606f_1 + 0.548f_2 + 0.235f_3 - 0.184f_4$

$R_{24} = 0.850f_1 - 0.380f_2 + 0.100f_3 + 0.307f_4$

$R_{25} = 0.835f_1 - 0.403f_2 + 0.087f_3 + 0.308f_4$

$R_{31} = 0.538f_1 + 0.042f_2 + 0.248f_3 - 0.748f_4$

$R_{32} = 0.869f_1 - 0.219f_2 - 0.034f_3 - 0.016f_4$

表 4-17　因子载荷矩阵

Component Matrix[a]			
	Component		
1	2	3	4
R_{11}	.919	−.251	.131	.106
R_{32}	.869	−.219	−.034	−.016
R_{14}	.857	.148	−.426	−.035
R_{24}	.850	−.380	.100	.307
R_{25}	.835	−.403	.087	.308
R_{12}	.825	−.068	.034	−.458
R_{23}	.606	.548	.235	−.184

Component Matrix[a]			
Component			
1	2	3	4
R_{22}	.560	.658	−.017	.334
R_{21}	.267	.377	.714	.316
R_{13}	.540	.343	−.681	.091
R_{31}	.538	.042	.248	−.748

根据因子得分系数矩阵,得到全国各区域关系资本公共因子原始变量的因子得分函数:

$$F_1 = 0.257R_{11} + 0.010R_{12} - 0.093R_{13} + 0.010R_{14} + 0.026R_{21} - 0.098R_{22} - 0.172R_{23} + 0.352R_{24} + 0.358R_{25} - 0.134R_{31} + 0.192R_{32}$$

$$F_2 = -0.083R_{11} - 0.019R_{12} + 0.552R_{13} + 0.354R_{14} - 0.222R_{21} + 0.311R_{22} + 0.091R_{23} - 0.098R_{24} - 0.101R_{25} - 0.148R_{31} + 0.007R_{32}$$

$$F_3 = -0.002R_{11} + 0.389R_{12} - 0.106R_{13} - 0.034R_{14} + 0.070R_{21} - 0.155R_{22} + 0.249R_{23} - 0.163R_{24} - 0.168R_{25} + 0.614R_{31} + 0.058R_{32}$$

$$F_4 = 0.021R_{11} - 0.106R_{12} - 0.130R_{13} - 0.114R_{14} + 0.616R_{21} + 0.403R_{22} + 0.334R_{23} + 0.002R_{24} - 0.014R_{25} - 0.046R_{31} - 0.081R_{32}$$

根据因子得分函数,计算出这4个公共因子的具体得分,以各因子方差贡献率为权重,对得到的因子得分进行计算,可以得到2010年全国区域关系资本综合得分,其计算公式为:

$$F = 34.595\%F_1 + 20.006\%F_2 + 19.123\%F_3 + 14.862\%F_4$$

通过指标数据可以计算出2010年全国各区域关系资本水平,根据计算结果进行排名,如表4-18所示。

表4-18 2010年全国各区域关系资本水平综合得分及排名

地区	全国	甘肃	辽宁	江苏	湖北	四川	陕西	广东	河北	山西	河南
得分与排名	0.2732 (9)	0.1069 (28)	0.2719 (10)	0.3847 (4)	0.1704 (14)	0.1492 (20)	0.1315 (23)	0.8562 (1)	0.1364 (22)	0.1536 (19)	0.1382 (21)
地区	吉林	黑龙江	内蒙古	山东	安徽	浙江	福建	湖南	江西	贵州	云南
得分与排名	0.1108 (27)	0.1614 (17)	0.1244 (26)	0.2297 (11)	0.1652 (16)	0.3608 (5)	0.3027 (8)	0.15744 (18)	0.1683 (15)	0.0684 (31)	0.1878 (12)
地区	宁夏	青海	广西	西藏	新疆	海南	北京	上海	天津	重庆	
得分与排名	0.0343 (32)	0.0684 (30)	0.1298 (24)	0.0909 (29)	0.1248 (25)	0.3484 (6)	0.5420 (3)	0.5885 (2)	0.3440 (7)	0.1878 (13)	

（四）2010年全国各区域创新资本水平

依照上面我们对2010年全国各区域智力资本各要素的测度方法,对2010年全国各区域创新资本进行测度,全国各区域创新资本样本数据的 KMO 检验值为 0.786, Bartlett's 球体检验的 Approx.Chi-Square 为 687.897, λ^2 统计值的显著性概率是 0.000,说明数据适合做因子分析。通过对全国各区域创新资本的因子分析,在特征值为 1 的标准下可以提取两个公共因子,两个因子一起解释所有变量的 91.116%。第一个因子解释变量的 50.853%,第二个因子解释变量的 40.263%,因子提取效果比较好,两个主因子几乎可以涵盖变量的全部信息。

根据因子得分系数矩阵,得到全国各区域创新资本公共因子原始变量的因子得分函数:

$$F_1 = 0.146I_{11} + 0.095I_{12} - 0.136I_{13} - 0.091I_{14} + 0.359I_{21} + 0.200I_{22} - 0.015I_{23} - 0.228I_{24} + 0.212I_{31} + 0.244I_{32}$$

$$F_2 = 0.009I_{11} + 0.067I_{12} + 0.331I_{13} + 0.278I_{14} - 0.267I_{21} - 0.044I_{22} + 0.208I_{23} + 0.401I_{24} - 0.061I_{31} - 0.102R_{32}$$

根据因子得分函数,计算出这 2 个公共因子的具体得分,以各因子方差贡献率为权重,对得到的因子得分进行计算,可以得到 2009 年全国区域创新资本综合得分,其计算公式为:

$$F = 50.853\%F_1 + 40.263\%F_2$$

通过指标数据可以计算出 2010 年全国各区域创新资本水平,根据计算结果进行排名,如表 4-19 所示。

表 4-19　2010 年全国各区域创新资本水平综合得分

地区	全国	甘肃	辽宁	江苏	湖北	四川	陕西	广东	河北	山西	河南
得分与排名	0.1048 (9)	0.0375 (26)	0.1333 (7)	0.2476 (5)	0.0728 (14)	0.0553 (20)	0.0929 (11)	0.1833 (6)	0.0408 (25)	0.0647 (17)	0.0328 (28)
地区	吉林	黑龙江	内蒙古	山东	安徽	浙江	福建	湖南	江西	贵州	云南
得分与排名	0.0687 (15)	0.0758 (13)	0.0576 (19)	0.1206 (8)	0.0430 (24)	0.2583 (4)	0.0979 (10)	0.0462 (23)	0.0260 (29)	0.0117 (32)	0.0162 (31)
地区	宁夏	青海	广西	西藏	新疆	海南	北京	上海	天津	重庆	
得分与排名	0.0584 (18)	0.0488 (22)	0.0189 (30)	0.0668 (16)	0.0493 (21)	0.0340 (27)	0.6010 (1)	0.5257 (2)	0.3574 (3)	0.0832 (12)	

(五)2010 年全国各地区智力资本水平确定

通过对区域智力资本各要素的因子分析,已经计算出区域人力资本、结构资本、关系资本和创新资本的得分。论文研究目的在于对区域智力资本水平差异的比较及其与区域经济发展关系的研究,所以不是纯粹的为求智力资本水平的确切值。另一方面,为求计算的直观性和简便性,论文在求区域智力资本的综合得分时,未考虑区域智力资本各要素各自的权重,而是将区域人力资本、区域结构资本、区域关系资本和区域创新资本的得分直接相加。具体得分如表 4-20 所示。

表 4-20　2010 年全国各区域智力资本得分

区域	H	R	S	I	综合得分
全国	0.707303	0.273167	0.403631	0.10483	1.488931
甘肃	0.206186	0.106946	0.633886	0.037526	0.984544
辽宁	1.700656	0.271933	0.53337	0.133265	2.639224
江苏	1.21286	0.384651	0.440118	0.247629	2.285258
湖北	0.735026	0.170406	0.352876	0.072761	1.33107
四川	0.315354	0.149155	0.48625	0.05525	1.006009
陕西	0.815949	0.13146	0.506256	0.092906	1.546571
广东	1.399678	0.856218	0.322837	0.183346	2.76208
河北	0.389638	0.136371	0.387853	0.040793	0.954655
山西	1.015885	0.153622	0.456189	0.064705	1.690401
河南	0.28956	0.138185	0.413308	0.032803	0.873855
吉林	1.250389	0.110815	0.436335	0.068712	1.86625
黑龙江	1.302248	0.161426	0.383727	0.075814	1.923216
内蒙古	1.072281	0.124437	0.479841	0.057598	1.734156
山东	0.853543	0.229687	0.45234	0.120565	1.656135
安徽	0.123832	0.165227	0.394619	0.042978	0.726656
浙江	1.479644	0.360757	0.480437	0.258282	2.57912
福建	0.764009	0.30271	0.338501	0.097687	1.502908
湖南	0.411365	0.157384	0.3294	0.046166	0.944315
江西	0.334466	0.16827	0.388944	0.026005	0.917685
贵州	-0.35823	0.068409	0.263506	0.011672	-0.01464
云南	0.008365	0.187784	0.482787	0.016244	0.695179
宁夏	0.841029	0.034266	0.491194	0.058407	1.424896
青海	0.628007	0.068414	0.658441	0.04881	1.403672
广西	0.025755	0.129837	0.293484	0.018873	0.46795
西藏	0.077449	0.090905	0.295455	0.066764	0.530573

续表

区域	H	R	S	I	综合得分
新疆	1.109976	0.124782	0.530793	0.049267	1.814818
海南	0.820141	0.348366	0.369958	0.033953	1.572418
北京	3.955139	0.542025	0.754294	0.601047	5.852506
上海	3.190067	0.588515	0.698499	0.525685	5.002766
天津	2.245901	0.344	0.532827	0.357374	3.480102
重庆	0.708337	0.187774	0.288963	0.083176	1.26825

第三节　全国区域智力资本水平分区

一、全国各地区智力资本水平排序

由上一部分的计算结果我们可以看出,全国各个区域在智力资本水平上存在差异,区域间分布不均衡。排在前五名的分别是北京、上海、天津、辽宁和浙江,广东省和江苏省紧跟其后,其得分都在2以上,排在最后的分别是贵州、广西、西藏、云南和安徽,这些区域智力资本得分远远低于全国平均得分。甘肃省智力资本水平排在所选32个区域的22名,低于全国平均水平。

从智力资本四个要素来看,北京、上海、天津、广东都处在领先位置,而地处落后地区的贵州、广西、云南、甘肃在智力资本各个要素存量上处在劣势地位,与东部发达地区和全国平均水平都存在很大差距。

二、全国各地区智力资本水平的地区划分

虽然我们通过简单的相加已经得出了全国各区域智力资本得分,但是这种简单的加总忽视了智力资本各要素对智力资本的贡献率,所以这种简单的加总结果只是便于我们得出比较直观的比较结果,但是在区域智力资本的地区划分上我们需要按照智力资本各要素的分布特点进行比较系统的地区归类,以便找出地区间的异同,保证区域研究的整体性和内部差异性。

聚类分析是一种建立分类的多元统计分析方法,它能够将一批样本数据根据其诸多特征,按照其在性质上的亲疏程度,在没有先验知识情况下进行自动分类,产生多个分类结果。以全国各地区区域智力资本以及各要素综合得分为变量数据,对全国各地区进行分类,把全国分为四个同质区域,以观察各个分组的特点。

把全国 2010 年相关指标数据进行整理,并进行归一化后,使用 SPSS 软件进行处理。采用 K-Means 聚类分析法对 31 个样本进行聚类得出表 4-21 的结果。

表 4-21　全国各区域智力资本水平聚类分析结果

群组	案例
1	北京、上海
2	辽宁、广东、浙江、天津、江苏
3	湖北、陕西、山西、吉林、黑龙江、内蒙古、山东、福建、重庆、海南、宁夏、新疆
4	甘肃、四川、河北、河南、安徽、湖南、江西、贵州、广西、云南、青海、西藏

表 4-21 是样本 K-Means 分析聚成 4 个类时,样本的类归属情

况表。从表中可以看出,北京和上海聚为一类;辽宁、广东、浙江、天津、江苏聚为一类;湖北、陕西、山西、吉林、黑龙江、内蒙古、山东、福建、重庆、海南、宁夏、新疆聚为一类;剩下的十二个区域甘肃、四川、河北、河南、安徽、湖南、江西、贵州、广西、云南、青海、西藏聚为一类。

三、小结

通过上面的聚类分析,根据 2010 年全国各区域智力资本综合得分,将全国各个区域分为四类:

(一)第一类区域:北京和上海。北京作为首都所在地,是中国的政治、经济和文化中心,有着 3000 余年的建城史和 850 余年的建都史,是"中国四大古都"之一,荟萃了自元明清以来的中华文化。一直以来,人力物力以及教育中心都集中在北京,不管在经济领域还是文化领域都占有得天独厚的优势,是一个综合性产业城市,经济实力保持在全国前列。至 20 世纪初,上海的人口已相当于中国其他三大城市之和并成为当时中国的经济文化中心以及金融贸易中心。由于北京和上海具有的文化积淀、地理位置和历史地位等方面的原因,使其在智力资本水平上远远领先于其他地区。

(二)第二类区域:辽宁、广东、浙江、天津、江苏。除了辽宁省之外,其他几个地区都是中国出口贸易大省,在利用外资和自身资源禀赋优势上都很明显。辽宁既有老工业基地传统优势,又有国家关于沿海开发相关政策支持,辽宁沿海经济带作为东北地区的出海通道和对外开放门户,是我国北方沿海开发开放条件最好的区域和最具发展潜力的黄金海岸线,发展优势十分突出。上面五个地区借助自身优势积极利用国家相关政策在社会经济各方面都取得了很大的成就。

（三）第三类区域：湖北、陕西、山西、吉林、黑龙江、内蒙古、山东、福建、重庆、海南、宁夏、新疆。除了宁夏和新疆，其他各个地区都拥有自己的中心城市或者足以拉动当地经济发展的主导产业。这些优势在经济发展中能有效地促进区域经济合作，提高智力资本水平。宁夏作为全国唯一的一个省级回族自治区，有很多的优势，包括农业优势，人均土地、人均产粮在全国排在前四位，煤炭储量和已探明储量在全国分别排第五、第六位。此外，宁夏还有丰富的旅游资源和文化资源，区域发展潜力很大。新疆地处我国西部边陲，具有"五口通八国，一路连欧亚"的区位优势，是东西方经济文化交会地，是中国向中亚南亚各国开放的重要门户，地区区位优势和资源优势有待进一步发挥。[①]

（四）第四类区域：甘肃、四川、河北、河南、安徽、湖南、江西、贵州、广西、云南、青海、西藏。欠发达省份大多在西部地区，由于西部地区特殊的自然条件和地理位置，以及民族地区经济社会发展的制约因素较多，所以西部地区省份在经济社会发展各个方面都落后于中东部地区。河南、四川、安徽、河北和江西由于深居内陆，人口众多，地区产业特色不明显或者相邻地区发展迅速造成的"极化"效应使这些地区发展缓慢。中西部地区在中国国民经济建设中占有十分重要的地位，既是全国重要的商品粮产区和棉花调出区，也是主要的能源和矿产基地。由于受经济基础、自然条件等方面的制约，中西部地区与率先改革开放的东部沿海地区相比，经济发展相对滞后。中西部与东部经济发展的不平衡，影响了全

---

① 刘春云：《新疆经济发展现状及对策》，《合作经济与科技》2010 年第 15 期。

国区域经济的协调发展和国家总体经济实力的增长。因此,加快中西部地区的开发和建设,缩小地区差距,是中国改革和发展的一项重要任务。

第五章　区域智力资本与经济
增长的定量分析

——以甘肃省为例

对甘肃省智力资本与经济发展水平之间的关系进行纵向研究,能够把握区域智力资本在一定时间区间内的发展状况和趋势。论文对甘肃省区域智力资本水平进行实证分析时,沿用上面的主因子分析方法获取主因子,并依据因子方差贡献率确定各指标权重,从而确定智力资本水平得分,并对区域智力资本诸要素对经济发展的贡献进行分析。

第一节　甘肃省区域智力资本评估

一、数据选取

依据区域智力资本指标体系的建立,选取甘肃省 2001—2010 年十年的统计数据,对甘肃省近十年的区域智力资本水平发展趋势进行测评,本部分数据来自近十年《甘肃年鉴》和《甘肃省统计公报》,部分数据根据年鉴数据计算获得,具体数据见附表 5、附表 6、附表 7 和附表 8。

二、数据处理

(一)区域人力资本的评估

在特征值大于 1 的条件下,提取两个公共因子,但是从显示的共同度数据来看,变量 H_{22}、H_{23} 信息丢失较多,在提取公共因子个数为三个时,共同度数据均大于 90%,所以此次因子提取效果良好。

表 5-1　因子解释原有变量总方差的情况

Component		Initial Eigenvalues			Extraction Sums of Squared Loadings			Rotation Sums of Squared Loadings		
		Total	% of Variance	Cumulative %	Total	% of Variance	Cumulative %	Total	% of Variance	Cumulative %
dimension	1	9.297	77.476	77.476	9.297	77.476	77.476	8.007	66.723	66.723
	2	1.530	12.747	90.224	1.530	12.747	90.224	2.293	19.105	85.828
	3	.839	6.992	97.216	.839	6.992	97.216	1.366	11.387	97.216
	4	.184	1.537	98.753						
	5	.079	.656	99.409						
	6	.050	.413	99.822						
	7	.014	.120	99.942						
	8	.005	.043	99.985						
	9	.002	.015	100.000						
	10	2.375 E-16	1.979 E-15	100.000						
	11	8.476 E-17	7.063 E-16	100.000						
	12	-3.194 E-16	-2.662 E-15	100.000						

如表 5-1 所示,提取三个公共因子共同解释原有变量的 97.216%,第一个因子的特征值最高,对解释原有变量贡献最大,第三个以后的因子特征值都很小,对解释原有变量的贡献很小,可

以被忽略。

采用回归法估计因子得分系数,根据输出结果可以写出因子得分函数:

$F_1 = 0.115H_{11} - 0.095H_{12} + 0.118H_{13} + 0.120H_{14} + 0.156H_{21} - 0.067H_{22} + 0.179H_{23} + 0.026H_{24} + 0.146H_{31} + 0.167H_{32} + 0.144H_{33} + 0.103H_{34}$

$F_2 = -0.120H_{11} + 0.413H_{12} + 0.007H_{13} + 0.016H_{14} - 0.116H_{21} - 0.186H_{22} - 0.726H_{23} + 0.092H_{24} - 0.080H_{31} - 0.126H_{32} - 0.012H_{33} + 0.058H_{34}$

$F_3 = 0.037H_{11} + 0.105H_{12} - 0.022H_{13} - 0.058H_{14} + 0.029H_{21} + 0.889H_{22} + 0.259H_{23} + 0.238H_{24} - 0.003H_{31} - 0.024H_{32} - 0.133H_{33} - 0.065H_{34}$

利用因子变量得分和各提取因子的方差贡献率可以计算出2001—2010年十年甘肃省区域人力资本综合得分,见图5-1。

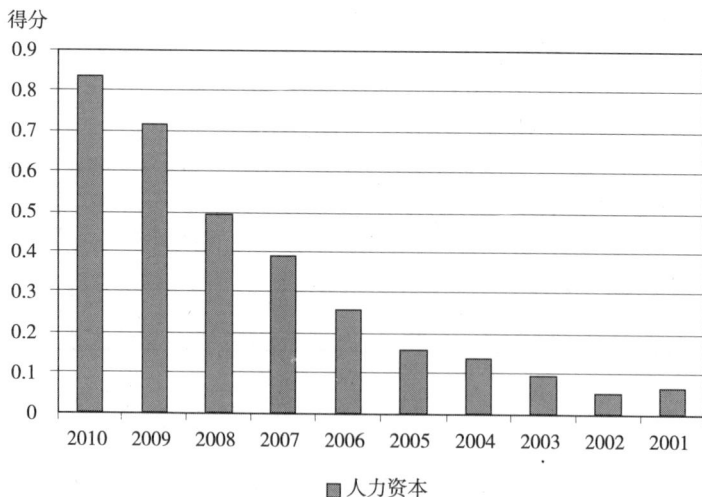

图5-1   2001—2010年甘肃省区域人力资本水平状况

（二）区域结构资本的评估

以特征根大于 1 为条件，提取三个因子，从输出结果可以看出，三个因子共同解释所有变量信息的 89.974%，其中第一个因子可以解释所有变量信息的 70.253%。根据因子得分系数矩阵，得到甘肃省近十年区域结构资本公共因子原始变量的因子得分函数：

$$F_1 = -0.003S_{11} - 0.014S_{12} - 0.070S_{13} + 0.203S_{21} + 0.249S_{22} - 0.015S_{23} + 0.308S_{31} - 0.250S_{32} - 0.012S_{33} + 0.188S_{34} + 0.116S_{35} + 0.103S_{36} - 0.051S_{41} - 0.095S_{42} + 0.012S_{43}$$

$$F_2 = -0.130S_{11} + 0.148S_{12} + 0.206S_{13} - 0.085S_{21} - 0.115S_{22} + 0.154S_{23} - 0.221S_{31} + 0.355S_{32} + 0.053S_{33} - 0.065S_{34} + 0.019S_{35} + 0.029S_{36} - 0.035S_{41} + 0.206S_{42} + 0.098S_{43}$$

$$F_3 = -0.023S_{11} - 0.099S_{12} - 0.119S_{13} - 0.076S_{21} + 0.051S_{22} - 0.028S_{23} - 0.033S_{31} - 0.019S_{32} + 0.448S_{33} - 0.053S_{34} - 0.047S_{35} - 0.010S_{36} + 0.700S_{41} + 0.126S_{42} + 0.114S_{43}$$

以各因子方差贡献率为权重，对得到的因子得分进行计算可以得到 2001—2010 年十年甘肃省区域结构资本得分，结果如图 5-2 所示。

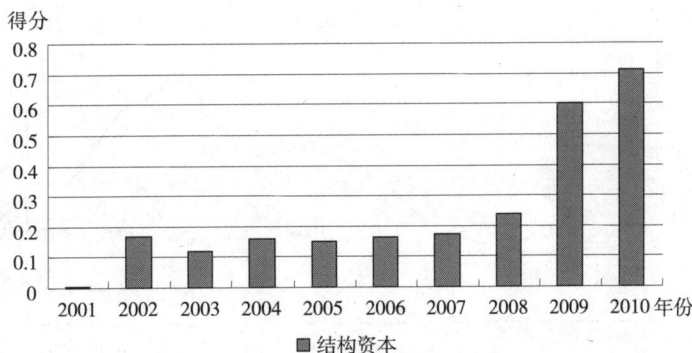

图 5-2　2001—2010 年甘肃省区域结构资本水平

(三)区域关系资本的评估

同理以特征根大于 1 为条件,提取三个因子,但是从输出的共同度数据来看,提取结果对部分变量数据信息丢失严重,所以指定提取四个公共因子,所有变量共同度达到 90% 以上,从输出结果可以看出,四个因子共同解释所有变量信息的 93.617%。根据因子得分系数矩阵,得到甘肃省近十年区域结构资本公共因子原始变量的因子得分函数:

$$F_1 = 0.286R_{11} + 0.018R_{12} - 0.036R_{13} - 0.179R_{14} - 0.259R_{21} - 0.131R_{22} - 0.035R_{23} + 0.137R_{24} + 0.168R_{25} + 0.128R_{31} - 0.084R_{32}$$

$$F_2 = -0.261R_{11} + 0.144R_{12} - 0.267R_{13} + 0.079R_{14} + 0.162R_{21} + 0.616R_{22} + 0.225R_{23} + 0.129R_{24}0.121R_{25} + 0.052R_{31} + 0.021R_{32}$$

$$F_3 = 0.016R_{11} + 0.516R_{12} - 0.151R_{13} + 0.092R_{14} - 0.204R_{21} - 0.131R_{22} - 0.482R_{23} + 0.065R_{24} - 0.144R_{25} - 0.179R_{31} + 0.122R_{32}$$

$$F_4 = 0.164R_{11} - 0.185R_{12} + 0.198R_{13} + 0.009R_{14} - 0.105R_{21} + 0.118R_{22} - 0.009R_{23} - 0.037R_{24} + 0.188R_{25} + 0.846R_{31} + 0.219R_{32}$$

计算得到 2001—2010 年十年甘肃省区域关系资本得分,结果如图 5-3 所示。

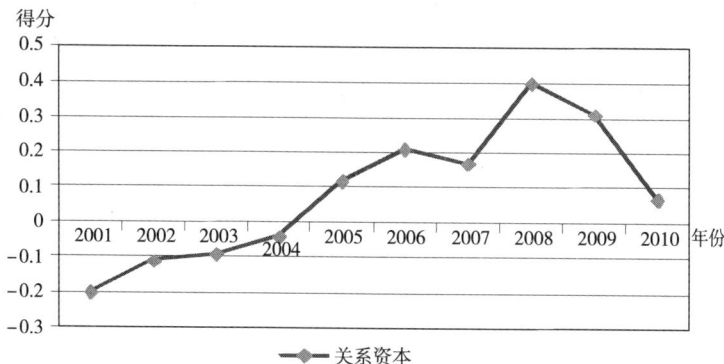

图 5-3　2001—2010 年甘肃省区域关系资本水平状况

（四）区域创新资本的评估

在确定因子分析的适应性之后，以特征根大于 1 为条件，提取两个因子（如表 5-2 所示），从表中可以看出，两个因子共同解释所有变量信息的 94.203%，其中第一个因子可以解释所有变量信息的 83.833%。

表 5-2　因子解释原有变量总方差的情况

Total Variance Explained									
Component		Initial Eigenvalues			Extraction Sums of Squared Loadings			Rotation Sums of Squared Loadings		
		Total	% of Variance	Cumulative %	Total	% of Variance	Cumulative %	Total	% of Variance	Cumulative %
dimension	1	8.383	83.833	83.833	8.383	83.833	83.833	6.348	63.485	63.485
	2	1.037	10.370	94.203	1.037	10.370	94.203	3.072	30.719	94.203
	3	.253	2.530	96.733						
	4	.162	1.621	98.354						
	5	.089	.887	99.241						
	6	.059	.595	99.836						
	7	.010	.096	99.933						
	8	.006	.057	99.989						
	9	.001	.007	99.996						
	10	.000	.004	100.000						

根据因子得分系数矩阵，得到甘肃省近十年区域创新资本公共因子原始变量的因子得分函数：

$$F_1 = 0.212I_{11} + 0.235I_{12} + 0.207I_{13} + 0.191I_{14} - 0.017I_{21} + 0.131I_{22} + 0.105I_{23}$$

$$+0.183I_{24} + 0.191I_{31} + 0.274I_{32}$$

$F_2 = -0.127I_{11} - 0.166I_{12} - 0.118I_{13} - 0.092I_{14} + 0.237I_{21} + 0.010I_{22} + 0.054I_{23}$

$-0.087I_{24} - 0.494I_{31} - 0.594R_{32}$

根据因子得分函数,计算出这两个公共因子得分,以各因子方差贡献率为权重,计算得到 2001—2010 年十年甘肃省区域创新资本得分,如图 5-4 所示。

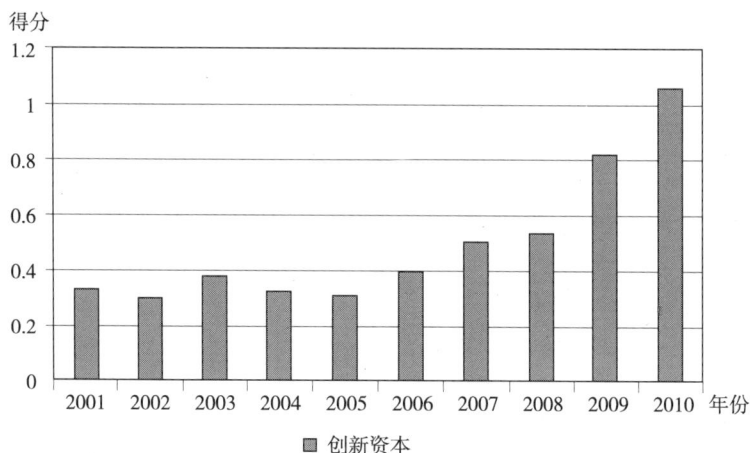

图 5-4　2001—2010 年甘肃省区域创新资本水平状况

第二节　甘肃省区域智力资本
发展水平与态势

一、甘肃省智力资本水平综合得分

通过对区域智力资本各要素的因子分析,已经计算出区域人力资本、结构资本、关系资本和创新资本的得分,将智力资本四要素得分进行加总得到甘肃省区域智力资本水平综合得分,结果如表 5-3 所示。

表 5-3 2001—2010 年甘肃省区域智力资本综合得分

年份	人力资本	关系资本	结构资本	创新资本	智力资本
2010	0.831284	0.066409	0.713327	1.060015	2.671034
2009	0.711874	0.307734	0.600779	0.819005	2.439392
2008	0.491245	0.396142	0.236915	0.537698	1.662001
2007	0.390336	0.173894	0.173546	0.512741	1.250517
2006	0.256531	0.20545	0.162072	0.379278	1.003332
2005	0.157179	0.119997	0.148749	0.309252	0.735177
2004	0.138395	-0.04266	0.159206	0.293627	0.548568
2003	0.09402	-0.08978	0.121178	0.379262	0.504683
2002	0.052014	-0.11192	0.166531	0.300061	0.406682
2001	0.064885	-0.19711	0.006423	0.327373	0.201574

二、甘肃省区域智力资本发展态势

以上内容计算出了甘肃省 2001—2010 年十年区域智力资本及其各要素水平的得分,通过对这些得分的分析,我们可以发现近十年甘肃省区域智力资本的发展趋势。

从图 5-5 可以看出,甘肃省 2001—2010 年十年之间,区域智力资本水平持续提高,综合得分从 0.2 左右上升到 2.7,从曲线斜率可以看出,在 2004 年之后,甘肃省区域智力资本水平提高速度明显加快。与此同时,智力资本要素中的人力资本、结构资本、创新资本水平也呈现规律性上升,基本保持与总水平相同的发展趋势。虽然区域关系资本水平总体有提高趋势,但是发展过程中波

得分

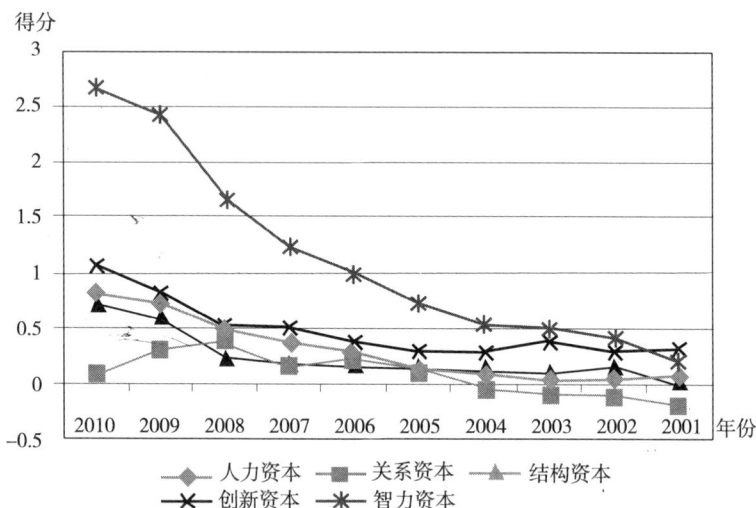

图 5-5　2001—2010 年甘肃省区域智力资本变化状况

动较大，自 2008 年以来下降趋势明显。

第三节　甘肃省区域智力资本与经济增长研究

经过前面的分析，我们得到了甘肃省近十年智力资本水平的综合得分，该得分可以比较直观的反映甘肃省 2001—2010 年十年之间区域智力资本水平的发展状况和变化趋势。研究区域智力资本与经济发展之间的相关性不仅要得到智力资本发展水平的综合得分，对经济发展水平的衡量是另一个关键问题。为了便于得到主要信息，本书仅从经济增长、产业结构高度化和城市化水平三个角度进行分析。经济增长水平是经济发展水平的主要指标之一，同时也是经济发展的基础和落脚点。在与经济增长关系研究中，本文首先分析甘肃省区域智力资本的经济增长贡献率，接下来再研究经济增长与区域智力资本的直接相关性。因为经济增长与区域经济发展二者具有较强的相互依赖性，而且就目前人类社会发展所处的阶段和时代背景，用经济增长水平衡量经济发展水平具有合理性，经济增长水平一般用人均 GDP 进行衡量。除了从经济总量的角度衡量外，还需要从经济发展结构入手，经济发展结构对经济发展，特别是长期的经济发展有很大的影响。产业结构高度化，也称产业结构高级化，是指一国经济发展重点或产业结构重心由第一产业向第二产业和第三产业逐次转移的过程，标志着一国经济发展水平的高低和发展阶段及方向。产业结构高度化往往具体反映在各产业部门之间产值、就业人员、国民收入比例变动的过程上。经济发展是城市化的重要推动因素之一，城市化则是经济发展的一个社会结果。城市化伴随着社会经济发展而发展，在一定程度上，就目前中国经济社会发展阶段来看，城市化作为区域经济发展水平的衡量标准具有一定的合理性。目前中国城市化水平普遍较低，但城市对各种经济要素的吸引力远远超过农村，城市始终对区域经济发展起中心带动作用，城市规模在一定程度上可以显示区域经济发展水平。

一　区域经济增长的智力资本贡献率

（一）基本假设

假设资本、劳动力和智力资本是经济增长的主要源泉，三种要素投入产出弹性为正；假设制度、政策扶持力度等外生变量保持不变。

（二）模型选择

柯布—道格拉斯生产函数是应用最广泛的生产函数

$$Y = AK^aL^b \quad A>0, a>0 \quad b>0$$

其中 A 为效率系数;参数 a 和 b 分别是产出的资本和劳动力弹性。a+b 的值通常用来确定生产函数的规模效应,从这个模型看出,决定工业系统发展水平的主要因素是投入的劳动力数和资本,根据 a 和 b 的组合情况,它有三种类型。

①a+b>1,称为递增报酬型,表明按技术用扩大生产规模来增加产出是有利的。

②a+b<1,称为递减报酬型,表明按技术用扩大生产规模来增加产出是得不偿失的。

③a+b=1,称为不变报酬型,表明生产效率并不会随着生产规模的扩大而提高,只有提高技术水平,才会提高经济效益。许多经验数据研究表明,该方程能够很好地拟合生产要素投入与产出的关系。

(三)方法

由于智力资本对经济的贡献率测度的复杂性,本文采取差值法计算得到,以某几年数据为基础,假设在这些年份经济增长要素只有资本和劳动力,并且在经济增长过程中,资本和劳动力的经济增长贡献率一直保持不变,从而得出资本与劳动力的经济增长贡献率,通过此回归函数得出目标年份基准产值 Y^*,实际产值为 Y,信息要素贡献率 v,建立公式如下:

$$v=(Y-Y^*)/Y$$

(四)数据处理

利用甘肃省 1978—1989 年十二年的数据(如表 5-4 所示),对柯布—道格拉斯生产函数进行拟合,此处需要对选取这十二年数据的合理性进行说明。在这十二年中,国内外政治环境相对比较稳定,经济政策的持久性和连贯性较好,可以进一步排除外生因素对经济增长的影响。以每年的劳动力人数为 L 值,以当年地区

GDP 为 Y 值,对 K 值的选择比较困难,资本组成:

$$K = b_0 K_0 + b_1 K_1$$

其中 K 表示对当年 GDP 产生贡献的资本,用它衡量当年的资本投入量最为科学,K_0 表示资本存量,b_0 是资本存量作用系数,表示资本存量对当年产出的作用比例,K_1 是当年资本投入量,但是当年资本投入并不是全部贡献于当年产出,b_1 表示当年资本投入中当年产出贡献比率。考虑到数据的易得性,我们假设:

$$b_0 k_0 = (1 - b_1) k_1$$

因论文选取全社会固定资产投资作为 K 的代理变量。

表 5-4　1978—1989 年甘肃省国内生产总值及要素投入量

	1978	1979	1980	1981	1982	1983	1984	1985	1986	1987	1988	1989
L	694	713	796	842	870	993.8	1047	1081.4	1098.9	1139.7	1178.8	1214
K	9.3	11.2	12.6	14.1	15.7	18.9	24.5	33.9	40.4	47.9	59.5	51.2
Y	64.7	67.5	73.9	70.9	76.9	91.5	103.2	123.4	140.7	159.5	191.9	216.8

注:国内生产总值与固定资产投资额单位为亿元,劳动力单位为万人。

为了统一变量单位,便于进行计算,对柯布—道格拉斯生产函数进行变形,两边同时取自然对数得到:

$$\ln Y = \ln A + a \ln K + b \ln L$$

运用上面三组数据我们拟合出只有资本和劳动力投入的经济增长函数确定资本和劳动力对经济增长的贡献率;用 SPSS18.0 对 1978—1989 年甘肃省 12 年的固定资产投资额、就业人数和当年国内生产总值进行拟合。

依据表 5-5 所示的输出结果(一)对拟合优度进行进行检验,由于方程有两个解释变量,因此应参考调整的判定系数,由于调整的判定系数(0.940)较接近于 1,因此认为拟合优度较高,被解释变量可以被模型解释的部分较多,未能被解释的部分较少。

表5-5　甘肃省 GDP 二元线性回归分析结果(一)

Model Summary				
Model	R	R Square	AdjustedR Square	Std.Error of the Estimate
. 07963	1	. 976[a]	. 953	. 940

从表5-6输出结果(二)可以看出,F 检验统计量的观测值为71.433,对应的概率 p 接近于 0,依据该表可进行回归方程的显著性检验,如果显著性水平 a 为 0.05,由于概率 p 值小于显著性水平 a,应拒绝回归方程显著性检验的零假设,认为该回归系数不同时为 0,被解释变量与解释变量全体的线性关系是显著的,可建立线性模型。

表5-6　甘肃省 GDP 二元线性回归分析结果(二)

	Model	Sum of Squares	df	Mean Square	F	Sig.
1	Regression	. 906	2	. 453	71. 433	. 000[a]
	Residual	. 044	7	. 006		
	Total	. 950	9			

表5-7分析,结果(三)中,通过 t 检验,我们可以看出:如果显著性水平 a 为 0.05,资本投入和劳动力投入的回归系数 t 检验的显著性概率 p 值都小于显著性水平 a,因此应拒绝零假设,认为两个变量与被解释变量存在显著性。

表5-7　甘肃省 GDP 二元线性回归分析结果(三)

Model		Unstandardized Coefficients		Standardized Coefficients	t	Sig.
		B	Std.Error	Beta		
1	(Constant)	-3.660	1.299		-2.818	.026
	VAR00001	1.192	.192	.672	6.204	.000
	VAR00002	.080	.022	.393	3.630	.008

综上我们得出资本投入,劳动力投入与产出之间的回归方程:

$\ln Y = 0.080 \times \ln K + 1.192 \times \ln L - 3.660$

选取 1995—2010 年的甘肃省数据,通过回归方程与实际数据,我们计算得出表5-8 所示结果

表5-8　1995—2010 年甘肃省智力资本产出贡献率

年份	1995	1996	1997	1998	1999	2000	2001	2002
Y^*	5.413	5.466	5.504	5.378	5.553	5.525	5.526	5.547
Y	6.117	6.359	6.583	6.677	6.789	6.863	6.959	7.026
v	0.115	0.140	0.164	0.194	0.182	0.195	0.201	0.211
年份	2003	2004	2005	2006	2007	2008	2009	2010
Y^*	5.567	5.585	5.604	5.510	5.531	5.562	5.611	5.682
Y	7.116	7.244	7.432	7.567	7.731	7.802	8.064	8.128
v	0.218	0.229	0.246	0.272	0.285	0.296	0.304	0.301

根据表5-8 的计算结果,我们得到了甘肃省 1995—2010 年 16 年智力资本产出贡献率(如图5-6 所示)。从图中我们可以看出,近 16 年来,智力资本对甘肃省 GDP 的贡献率总体呈上升态势,除 1999 年和 2010 年较上年有稍微下降之外其他年份都保持

一定量的增长。从 1995 年的 11.5% 到 2010 年的 30.1%,年平均增长约为 1.2%,环比年增长率为 6.6%。

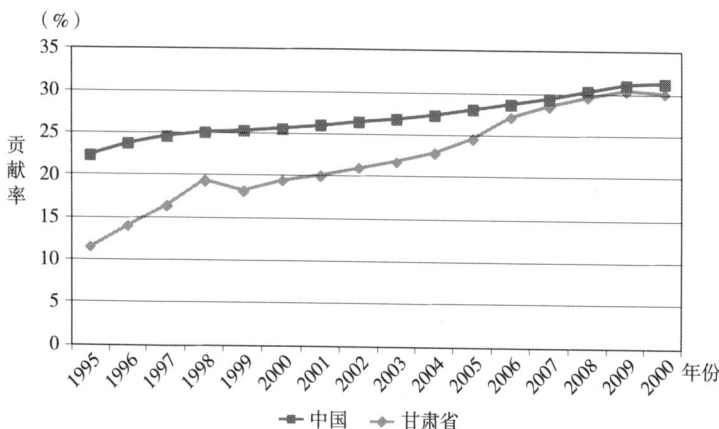

图 5-6　1995—2010 年全国和甘肃省智力资本产出贡献率走势图

我们用同样的方法计算得到智力资本产出贡献率的全国平均水平,1995 年为 22.4%,2010 年达到 31.3%,平均年增长约 0.6%,环比年增长率为 2.1%。从绝对值来看,全国平均水平一直高于甘肃省水平,1995 年二者之间相差约为 11 个百分点,全国平均水平是甘肃省的两倍,2010 年仅相差约 1.2 个百分点。从图中可以直观地看出,二者之间的差距逐渐缩小,到 2010 年两者水平基本相当,都达到 30% 以上。虽然甘肃省在 1995 年与全国平均水平悬殊,但其差距缩小的主要原因在于甘肃省智力资本贡献率的高速增长,6.6% 的环比增长率远远高于 2.1% 的增长速度。

二、区域经济增长对智力资本的敏感度检验

(一)方法选择

对智力资本与区域经济发展之间建立函数关系,利用前面的

计算结果,对甘肃省 2001—2010 年区域智力资本综合得分和人均国民生产总值数据进行拟合,对回归方程进行微分处理,可以得到经济增长相对于各变量的点弹性数据,以经济增长的智力资本弹性作为区域经济增长对智力资本敏感度的衡量标准,从而得出智力资本在促进区域经济增长中的作用机制。

设关于 X 的函数 $Y = f(X)$,则灵敏度系数为:

$$灵敏度系数 = \frac{\Delta Y}{Y} / \frac{\Delta X}{X} = \frac{\Delta Y}{\Delta X} \cdot \frac{X}{Y} = \frac{\partial Y}{\partial X} \cdot \frac{X}{Y}$$

(二)建立回归模型

一般而言,建立起一元线性回归方程便于直接得出变量与因变量之间关系的灵敏度,但是为了找到更加合理准确的变量关系,在建立一元线性回归的同时对区域经济增长和智力资本综合得分之间建立二次回归方程。

首先运用 SPSS18.0 软件对甘肃省智力资本和甘肃省人均 GDP 进行回归,令 Y = 甘肃省人均 GDP,X = 甘肃省区域智力资本综合得分。如表 5-9 所示,一元线性回归方程拟合优度 $R^2 = 0.975$,F 统计量为 317.839;二次回归方程拟合优度 $R^2 = 0.993$,F 统计量为 531.366,模型都通过了统计学检验,二次回归方程拟合程度更好。

表 5-9　模型汇总和参数估计值

方程	模型汇总				参数估计值			
	R 方	F	df_1	df_2	Sig.	常数	b_1	b_2
线性	.975	317.839	1	8	.000	.202	2.315	
二次	.993	531.366	2	7	.000	.330	1.158	1.194

$$Y_1 = 2.315X_1 + 0.202 \tag{1}$$

$$Y_2 = 1.158X_2^2 + 1.194X_2 + 0.330 \tag{2}$$

式（1）、式（2）分别是甘肃省智力资本综合得分与人均国内生产总值的变量拟合结果，其中式（1）是一元线性回归方程，式（2）是二次非线性回归方程。

（三）模型分析

通过对变量数据的拟合，我们得出了甘肃省智力资本与区域经济增长之间的一元线性方程和二次非线性回归方程，通过对回归函数的数学处理，我们可以进一步发现智力资本作用于区域经济增长的一些规律。因为回归函数在有理数范围内连续，所以可以对式（1）自变量进行求导，得出式1.1

$$\frac{\partial Y_1}{\partial X_1} = 2.315 \tag{1.1}$$

同理对式（2）自变量进行求导，得到式2.1

$$\frac{\partial Y_2}{\partial X_2} = 2.316X_2 + 1.194 \tag{2.1}$$

则：

$$灵敏度系数_1 = 2.315X_1 / Y_1 = 1/(1 + 0.202/2.315X_1) \tag{1.11}$$

$$灵敏度系数_2 = (2.316X_2 + 1.194)/(1.158X_2 + 1.194 + 0.330/X_2) \tag{2.11}$$

从1.11式可以看出，灵敏度系数始终小于1，当变量 X_1 无穷大时，可以得到灵敏度系数接近1，但是1.11式表示的关于智力资本水平的灵敏度系数函数是增函数，即随着智力资本水平的提高，其对区域经济增长的贡献率上升，即每增加一单位智力资本带来的产出的增加是递增的。

对2.11式求导，得出2.11式导数恒大于0（计算过程省略），即函数 2.11 是增函数,根据极限原理,当 X_2 正无穷大时,2.11 式得到最大值约为 2,随着智力资本投入量的增大,每增加一单位智力资本带来的产出增加是递增的,即 Y 随着 X 的增大而增大,当智力资本投入无限大时,每增加一单位智力资本投入时,产出增加两个单位。

(四)模型结论

通过对智力资本和区域经济增长关系的双模型拟合,利用两个回归方程模型同时分析,发现智力资本投入与经济增长正相关,随着智力资本的投入,产出相应的增加。进一步对两个回归模型进行分析,可以得出经济增长相对与智力资本投入的灵敏度,利用回归方程 Y 关于智力资本投入的点弹性来衡量灵敏度得出:从一元线性方程来看,区域经济增长的智力资本投入灵敏度函数是增函数,即随着智力资本水平的提高,每增加一单位智力资本带来的产出增加是递增的,但是增加的量适中,小于智力资本的投入;从二次非线性方程同样可以得出区域经济增长的智力资本投入灵敏度是正相关的,每投入一单位带来的产出增加和智力资本存量水平有关。存量越大,灵敏度越高。从以上分析可以看出,智力资本的规模经济效应非常明显。

第四节　甘肃省区域智力资本与经济发展的相关性分析

一、区域智力资本与区域经济增长

从前面的研究我们已经得到了甘肃省 2001—2010 年区域智力资本的经济增长贡献率和区域智力资本水平综合得分,用人均

GDP 作为经济增长的衡量指标,为了比较精确的理解智力资本水平与智力资本诸要素产出贡献率,及经济增长之间的关系,我们对这个指标得分进行相关性分析,输出结果如表 5-10 所示。

表 5-10　区域智力资本与智力资本产出贡献率、经济增长之间相关关系

Correlations		智力资本产出贡献率	人均 GDP	智力资本综合得分
智力资本产出贡献率	Pearson Correlation	1	.958＊＊	.911＊＊
	Sig.(2-tailed)		.000	.000
	N	10	10	10
人均 GDP	Pearson Correlation	.958＊＊	1	.988＊＊
	Sig.(2-tailed)	.000		.000
	N	10	10	10
智力资本综合得分	Pearson Correlation	.911＊＊	.988＊＊	1
	Sig.(2-tailed)	.000	.000	
	N	10	10	10

　　从表 5-10 的输出结果我们可以看出,智力资本与智力资本产出贡献率和经济增长都有显著的正相关关系,相关系数大于 0.911,而且智力资本与区域经济增长的相关性高于与智力资本产出贡献率的相关性,即智力资本水平较高的年份智力资本产出贡献率和人均 GDP 也比较高。为了更进一步分析三者之间关系,将三个变量放在同一张折线图(如图 5-7 所示)中,可以直观地看出某些规律。为了便于比较和分析我们对三组数据都进行了数据标准化,这样可保证三条折线在同一数量级内变动。

　　图 5-6 三条曲线分别代表了甘肃省 2001—2010 年十年人均

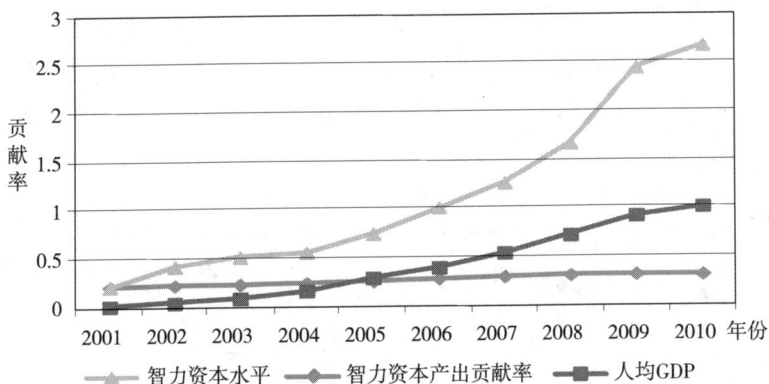

图 5-7　2001—2010 年甘肃省智力资本水平、智力资本产出贡献率以及人均 GDP 走势图

GDP、智力资本水平综合得分和智力资本产出贡献率走势图。从三条曲线的走势可以看出近十年甘肃省人均 GDP 和智力资本产出贡献率比较平稳,智力资本水平总体呈上升趋势,2004 年以来增长速度加快。但是从三条曲线走势来看,甘肃省十年来智力资本水平和智力资本产出贡献率和人均 GDP 之间具有很强的相关性,并且在未来几年将继续保持增长状态。

二、区域智力资本与区域产业结构

从部门来看,产业结构主要是研究农业、轻工业、重工业、建筑业、商业和服务业等部门之间的关系,以及各产业部门的内部关系。产业结构高度化,也称产业结构高级化,指一国经济发展重点或产业结构重心由第一产业向第二产业和第三产业逐次转移的过程,标志着一国经济发展水平的高低和发展阶段、方向。

从图 5-8 可以看出,2001 年以来,甘肃省智力资本水平逐步提高,但是产业结构高度化进程缓慢,伴随着第二产业比重的持续提高,第一产业比重总体呈上升趋势,而第三产业比重下降趋势明显,在 2008 年有所反弹。近十年来,智力资本对区域产业结构优化的贡献不明显,智力资本在第二产业的边际投入产出要高于在其他产业。

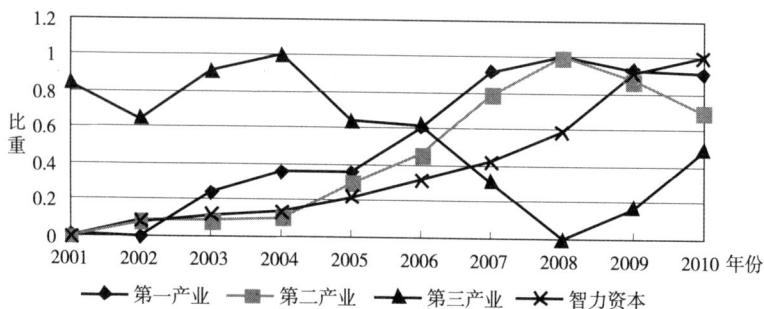

图 5-8   2001—2010 年甘肃省各产业占生产
总值比重和智力资本水平走势图

三、区域智力资本与城市化

一般认为,城市化概念的界定应该从人口、产业、空间和制度等方面着手,城市化既是人口和生产要素的集聚过程,同时也是城乡生活习惯和城乡制度转化的一种趋势,本书为了便于比较分析我们采用人口城市化概念,即一个区域城镇人口占总人口的比重:

$$L = \frac{u}{P} = \frac{u}{u+r}$$

式中,L 表示城市化水平,u 为城镇人口,r 为乡村人口,P = u + r 为总人口。

如果按相关系数 $|\rho_{XY}| < 0.3$ 时为低度相关,$|\rho_{XY}| > 0.8$ 时为高度相关,那么,地区智力资本水平综合得分与城市化率呈高度

相关,即两者在纵向时间序列中保持相同的发展趋势。从表 5-11 可以看出,近十年,甘肃省区域智力资本水平提高的同时,城市对区域经济发展的带动作用日趋明显,城市化率持续提高,各种生产要素向城市聚集。

表 5-11 甘肃省 2001—2010 年城市化率与智力资本水平相关关系

Correlations		城市化率	智力资本水平
	Pearson Correlation	1	.894**
城市化率	Sig.(2-tailed)		.000
	N	10	10
	Pearson Correlation	.894**	1
智力资本水平	Sig.(2-tailed)	.000	
	N	10	10

第五节 智力资本诸要素的区域经济发展贡献率

虽然理论上分析了区域智力资本对区域经济有促进作用,但仍需要实证来检验,需要分析区域智力资本的四大要素与区域经济的定量关系。对经济发展水平的定量评价以上面三个指标为量化标准,进行简单加总得到甘肃省 2001—2010 年经济发展状况的综合得分。本书采用灰度相对关联度来分析甘肃省智力资本对经济发展的影响。

一、灰度相对关联计算过程

第一步,确定分析序列如下:

给出参考数据序列: $X_0^{'} = (x_0^{'}(1), x_0^{'}(2) \cdots x_0^{'}(n))$

给出 m 个比较序列: $X_i^{'} = (x_i^{'}(1), x_i^{'}(2) \cdots x_i^{'}(n))$,其中 $i = 1$,

$2 \cdots m$

第二步,求变量因素的初值像:

令参考序列和比较序列的初值像序列分别为:

$$X_0 = (x_0(1), x_0(2) \cdots x_0(n))$$
$$= (x_0^{'}(1) / x_0^{'}(1), x_0^{'}(2) / x_0^{'}(1) \cdots x_0^{'}(n) / x_0^{'}(1))$$
$$X_i = (x_i(1), x_i(2) \cdots x_i(n))$$
$$= (x_i^{'}(1) / x_i^{'}(1), x_i^{'}(2) / x_i^{'}(1) \cdots x_i^{'}(n) / x_i^{'}(1))$$

第三步,初值像的始点零像化:

令参考序列和比较序列的初值像零像化后序列分别为:

$$X_0^0 = (x_0^0(1), x_0^0(2) \cdots x_0^0(n))$$
$$= (x_0(1) - x_0(1), x_0(2) - x_0(1) \cdots x_0(n) - x_0(1))$$
$$X_i^0 = (x_i^0(1), x_i^0(2) \cdots x_i^0(n))$$
$$= (x_i(1) - x_i(1), x_i(2) - x_i(1) \cdots x_i(n) - x_i(1))$$

第四步,求 $|s_0|$, $|s_i|$, $|s_i - s_0|$:

$$|s_0| = \left| \sum_{k=2}^{n-1} x_0^0(k) + 0.5 \times x_0^0(n) \right|$$

$$|s_i| = \left| \sum_{k=2}^{n-1} x_i^0(k) + 0.5 \times x_i^0(n) \right|$$

$$|s_i - s_0| = \left| \sum_{k=2}^{n-1} (x_i^0(k) - x_0^0(k)) + \frac{1}{2}(x_i^0(n) - x_0^0(n)) \right|$$

最后,计算灰色相对关联度:

$$\gamma_{0i} = \frac{1 + |s_0| + |s_i|}{1 + |s_0| + |s_i| + |s_i - s_0|}$$

二、甘肃省智力资本与经济发展的实证灰度关联分析

根据灰色系统分析方法的思路和要求,参考近年《中国统计年鉴》和《甘肃年鉴》,以甘肃省 2001—2010 年的统计数据为基础,建立 1 个灰色关联度模型,分析甘肃省智力资本与区域经济发展的关联性。用人均 GDP、产业结构高级化水平和城市化水平得分直接加总衡量区域经济发展水平,智力资本包括人力资本、关系资本、结构资本和创新资本。

令 Y＝区域经济发展水平,H＝区域人力资本,R＝区域关系资本,S＝区域结构资本,I＝区域创新资本,以甘肃省 2001—2010 年间的相关数据为样本,见表 5－12。根据灰色关联建模的机理,计算得:$\gamma_{01} = 0.654$、$\gamma_{02} = 0.510$、$\gamma_{03} = 0.516$、$\gamma_{04} = 0.712$。

表 5－12　零像化后的参考序列与比较序列

年份	经济发展水平	人力资本	关系资本	结构资本	创新资本
2001	0	0	0	0	0
2002	−0.5633	−0.1984	−0.4322	24.9292	−0.0834
2003	−0.5585	0.4490	−0.5445	17.8677	0.1585
2004	0.4010	1.1329	−0.7836	23.7887	−0.1031
2005	1.1369	1.4224	−1.6088	22.1605	−0.0554
2006	1.2518	2.9537	−2.0423	24.2350	0.1586
2007	2.4705	5.0159	−1.8822	26.0215	0.5662
2008	2.4620	6.5711	−3.0098	35.8882	0.6425
2009	1.9688	9.9714	−2.5613	92.5426	1.5017
2010	2.6241	11.8117	−1.3369	110.0665	2.2379

总体来说,甘肃省智力资本各要素与甘肃省区域经济发展都有一定的相关性,但是相关性不高,如果按关联度系数大于0.80为高度相关的话,甘肃省智力资本各要素与区域经济发展属于中度相关。在智力资本四要素中,创新资本与区域经济发展关联度最高,关系资本的关联度最低,人力资本关联度仅次于创新资本。

三、小结

在因子分析的基础上,我们得到了甘肃省 2001—2010 年间区域人力资本、关系资本、结构资本、创新资本的因子得分和区域智力资本的综合得分,区域智力资本水平综合得分作为区域智力资本水平的衡量标准。通过对区域智力资本水平和区域经济发展中的经济增长水平、产业高级化水平和城市化水平三方面的相关性分析,发现区域智力资本水平与智力资本的产出贡献率、人均GDP、产业结构高级化水平、区域城市化都是正相关的,其中,与人均 GDP 相关性达到 0.98 以上,与智力资本产出贡献率相关性超过 0.9,与区域城市化水平相关性接近 0.9,与产业结构高级化水平中度相关。相关性分析结果说明区域智力资本有力地促进了区域经济的发展。

在研究了区域智力资本与区域经济发展的关系之后,为了了解区域智力资本各要素对区域经济发展的贡献率,运用灰色关联度模型对智力资本四要素与区域经济发展关联度进行分析,以关联度的高低作为贡献率大小的衡量标准。通过模型计算分析结果,智力资本各要素与区域经济发展中度正相关,说明区域人力资本、关系资本、结构资本、创新资本的提升都可以促进区域经济发展。其中创新资本和人力资本与区域经济发展之间关联度较高,关系资本和结构资本与区域经济发展之间关联度较低，说明区域人力资本和创新资本对区域经济发展的贡献率高于结构资本和关系资本。

第六章 智力资本促进区域
经济发展的路径

第一节 基础环境

现代经济就是环境经济,环境已成为经济发展的第一要素和
吸引投资的核心竞争力,集中代表着一个地区的对外形象和发展
潜力。经济发展环境就是生产力,营造良好的区域经济发展环境
不仅是区域战略层面的大事,更是一个区域造就富有竞争力的企
业、推动区域可持续科学发展的关键。要使区域智力资本充分发
挥创造价值的作用,需要营造一种良好的环境条件,从外部环境和
内部机制两个方面共同加强区域智力资本的发展基础。

一、外部环境

(一)优化区域经济发展环境

地区间的竞争集中表现为发展环境的竞争,发展环境问题已
成为制约经济社会发展的关键因素,优化发展环境成为了一项全
局性、紧迫性、长期性的艰巨任务。当前通信技术和信息技术的扩
散,全球经济一体化和贸易自由化的推进,使生产、流通、分配和消
费的经济运作方式和竞争方式产生了全新的变革。这对区域经济

发展来讲,既是挑战,又是机遇。研究知识经济的特征,改变传统的发展理念,强化竞争情报意识,调整市场竞争的策略,塑造充分、有效的区域经济发展环境,是区域经济发展的重要外部推动力量,是影响区域发展战略制定的重要因素。发展环境,不仅包括基础设施环境、生态人居环境等硬环境,政府政策、法规、管理、服务等软环境,还包括以诚信、文明、和谐为内容的活环境。如果说硬环境是一个地区经济发展的基础,软环境是一个地区经济发展的关键,那么活环境就是一个地区持续稳定发展的根本。发展水、电、路、气、暖、信息、通信等基础设施,是一个地区发展环境的重要组成部分,也是经济发展的生命线。建立社会信用体系,鼓励企业诚信经营,建立和完善企业信誉评价制度,营造讲究商业道德、诚实守信、公平竞争的市场氛围。建立健全同市场经济相适应的信用制度,规范市场交往中的财产关系、信用关系和契约关系,完善市场规则,加强舆论监督,健全企业退出机制,构建完善的企业诚信体系。建立系统、科学的软环境评价指标体系,从社会治安、政策环境、政务环境、法治环境、市场环境、社会环境、产业环境和经济状况等方面形成操作性强、定性与定量分析相结合的科学的评估体系和评估方法,对于调动各方面优化经济发展环境的积极性,创新工作方式,完善工作机制,提升服务意识,提高行政效能,增强服务经济发展的能力意义重大,是实现区域经济社会平稳较快发展,营造更加优良的环境,提供更好服务的保证。优化经济发展环境是一项复杂的系统工程,必须立足当前、着眼长远,标本兼治、常抓不懈,工作力度要再加大,创优范围要再延伸,整改措施要再创新,着力解决影响改革和发展的突出问题,着力解决企业和群众反映强烈的突出问题,为区域经济建设和社会进步注入强大动力。环境出生产力,环境出竞争力,抓环境就是抓发展,抓环境就是抓机遇,良好的环境是区域经济加快发展、奋力崛起的重要保障和强劲动力。

（二）加强智力资本法律保障机制

智力资产是财产的形态之一,而财产是受到法律保护的。随着商品经济的发展,我国社会各阶层已愈来愈重视智力资本、知识产权等无形资产的财产保护和使用。区域经济的发展是与它的有形资产和无形资产一同发展的,但这些观念在我国社会形成的时间还不长,特别是对无形资产的所有权人的认识还不够充分,以至于一旦发生纷争,才发现无形资产的归属存有疑问,法律保护的强有力手段也迟迟得不到实施。智力资产具有一定的公共品性,每增加一个使用者的成本几乎为零。知识和智力产生之后,传播得越快,应用得越广,对整个社会就越有利。但是,这种无屏障的创新"外溢"又会导致"搭便车"行为,人们不愿为创新知识付费,总想在别人创新之后供自己免费使用,这无疑会严重削弱创新者的积极性。从长远看,必将导致整个社会创新能力的衰竭。因此,要保证创新的不竭动力,就必须在制度上作出合理安排和确立"创新产权",以改变创新"外溢"状况,赋予创新成果以排他性,促进创新收益内部化,从而使创新者的个人收益率尽可能逼近社会收益率。

对智力资本进行合理评估是明确智力资本产权归属的有效手段,智力资产的计价应该统一由权威的智力资产评估机构评估,独立的权威评估机构用其声誉来保证其评估结果得到公众的认可,而该机构为了维护其声誉,也不得不站在公正的立场来进行尽可能科学的评估。智力资本公允价值的确定,也可以由独立的权威机构来进行。评估机构应该由经济发展战略专家、财务专家、智力资源专家、智力分析专家等不同知识类型的人组成,以保证评估质量。目前,我国有《专利法》、《技术合同法》、《科技进步法》和《促进科技成果转化法》,已奠定了这一法律保障机制的基础,但同发达国家相比,法律体系还不够完善。因此,有关部门应尽快组织力量,从有利于创新动力激发和创新成本保护的角度出发,审视和完善我国知识产权制度,特别要加强高科技领域内的知识产权立法保护。国家应抓紧制定和逐步完善无形资产危机管理法规,确保无形资产不受侵犯:制定《企业保密法》、《无形资产危机管理法》等法规,以及确认无形资产计量范围、计价标准等财会法规制度;要有效运用危机管理框架结构(CMSS),设立危机管理专案小组和问题经理;构建危机处理机制,以满足组织危机情境下的策略需要;重视无形资产审计监督,建立核算和评估体系,制定有关监管无形资产评估政策措施,使无形资产评估制度化;尽快制定《无形资产评估管理办法》,建立适宜各行业特点和可操作的无形资产评估指标体系。

(三)建立智力资本危机管理机制

智力资本更多地参与竞争,并获取高额收益是当代国际经济技术发展的必然趋势,但我国智力资本的危机管理还处于低层次水平。由于智力资本的非实体性、非直观性和收益难以精确计量等特点,往往被人们忽视,许多地区缺少管理制度、工具和监控方法,普遍缺少危机管理的专门机构和人员,致使一些区域智力资本资源失控并流失。为了提升区域竞争力,减少危机风险和损失,更好发挥智力资本危机管理的重要作用,应该采取以下应对举措:一是强化智力资本危机意识,树立风险管理思维。知识经济时代,高新技术迅速发展,智力资本价值随时可能因科技发展而贬值。要加强智力资本的成本核算,将智力资本价值在合理期限内进行分摊。在会计报表中,对智力资本要充分、合理披露和揭示。在产权交易中,应注意智力资本安全防卫,加强对专有技术、计算机软件、营销网络等商业秘密的保护,以防丢失和泄密。二是加强智力资本投资分析,实现效益最大化。资源的有限性要求智力资本投资时,必须遵循成本效益原则,应对投资方案进行可行性分析和评价,尽量减少盲目性。充分利用和发展现有智力资本,准确计量其价值,预测其收益和成本,确保无形资产评估保值、增值,实现智力资本投资效益最大化。三是建立智力资本危机管理机构,制定和实施危机管理计划。设立智力资本危机管理专门机构,制定切实可行的危机管理制度。为了取得长远利益,在控制危机时应更多关注消费者利益而非仅是短期利益,建立符合市场需求的智力资本战略管理信息系统和危机预警系统。四是建立创新激励机制,实施稳健进取的人才发展战略。创新是区域经济可持续发展的不尽资源和原动力,创新能力往往决定组织的生死存亡。人才是区域竞争的第一资源,也是衡量区域竞争力强弱的重要组成部分,在智力资本管理过程中,要实施稳健进取的人才发展战略管理,建立公开、公平的人才制度。激励的手段是多种多样、因人而异的,传统的激励方式如高薪、行政提升等在新时期同样是有效果的。此外,领导对员工的表扬也是对员工的一种激励,给员工提供发展平台也能激发员工的干劲,给员工一个适宜的文化环境也能让员工释放创造力。因此,无论何种激励手段都会起到激励作用,但却不是唯一的,应根据实际情况采取多种手段综合运用,形成有效的激励机制,通过物质激励、事业激励、文化激励、情感激励、旅游修养激励和政策与客观环境激励等手段,更好地体现激励机制的作用,充分挖掘人力资源潜力,为区域经济长期发展提供源源不断的动力。

二、内部机制

区域智力资本的内部环境是指区域智力资本自身影响其价值实现的因素和机制。

(一)树立智力资本价值最大化目标。

区域应树立知识产权价值最大化的目标,并以此来对智力资本进行科学运营和管理。从长期目标出发规划智力资本价值的实现,正确处理智力资本经营中高收益和高风险的关系、短期利益和长期利益的关系,克服单纯以获取短期利润为目标的经营行为,实现智力资本与区域其他资源的有效整合,以获取更多的智力资本价值,不断强化区域参与国际竞争的智力资源优势,着力消除我国企业和产品进入国际市场的智力资本障碍。

(二)确定智力资本价值的实现路径。

区域应在明确自身战略定位的基础上,对智力资本发展趋势作出客观、及时的预测,不断改进智力资本价值管理的战略定位。区域发展战略定位主要基于其拥有的资源和核心能力,而智力资本价值管理的目标就是识别、评估区域具有的智力资本资源与能力,以此决定智力资本价值管理的重点领域。针对不同区域在知识与技术能力、市场状况、客户需求等方面的差异,智力资本价值管理目标有不同的实现路径。有较强科研开发能力的地区,应专注于研发有创新价值的智力资本,而已经拥有高价值智力资本的地区,应将重点放在智力资本运营方面,开展多种智力资本运营活动。拥有智力资本不等于知识产权价值的实现,将区域智力资本价值管理定位于强化智力资本运营,就是要求区域在相关市场上考虑进行高效率的智力资本运营以实现其价值。

（三）创新智力资本管理模式。

区域智力资本价值管理是关系区域竞争能力与竞争目标实现的管理体系，需要区域组织系统将智力资本工作上升至决策顶层，并与研发部门、法律事务部门、资产经营部门等形成联动工作机制，不断创新智力资本组织管理模式。智力资本价值管理关系到区域经济发展战略定位及规划问题，并在一定程度上涉及法律责任承担，因此应由最高管理层直接领导。区域组织系统的人力资本、结构资本、关系资本、创新资本以及市场环境处于不断变化的状态，这就要求区域智力资本价值管理必须时刻关注动态变化，及时予以调整，创造富有弹性的管理模式。

（四）建立智力资本良性循环机制。

区域智力资本价值管理不仅要对智力资本的形态及权属关系进行管理，还要对与智力资本价值有关的研发、法律事务、财务、经营等活动进行管理，运用市场机制促进智力资本价值管理体系的良性循环运转。①智力资本价值管理要由法定的专门机构来组织运作。政府所有权和运营权分离是高效率运作的关键，也是现代产权法则的重要内容。智力资本价值管理是一项综合性的、长期性的工作，是政府社会管理和公共服务职能的具体体现，因此，必须要有一个法定的专门机构来组织实施。②优化智力资本价值管理体系运作模式。智力资本价值管理体系的运转是长期的，而不是短暂的，政府是要根据需要和资源，做出长期发展规划，确保智力资本价值管理体系科学有效地运转。③运作的资金支持。智力资本价值管理体系的正常运作，需要足够的资金支持，政府要充分利用市场机制，在起步阶段要坚持以财政预算安排为主，同时多渠道筹措资金来源，达到一定规模后，其他渠道比较稳定后，财政预算补贴作为补充渠道。④采取灵活的管理方式。结合国内外智力资本管理的经验和我国的国情,从智力资本供给和需求入手,按照不同地区、不同经济发展阶段的特点,形成多层次、全方位的智力资本价值管理体系。此外,为适应智力资本管理向战略型管理及运营型管理转化的需要,智力资本价值管理组织结构还应存在一定弹性,划分职能与权责,不断理顺工作关系和管理流程。

第二节　发展路径

区域智力资本发挥作用并实现其价值离不开人力资本、结构资本、关系资本和创新资本四要素的协同力量,人力资本是智力资本的核心和基础,是价值创造的源泉,关系资本在知识资本的价值实现中起保障作用,结构资本是智力资本价值实现的基础环境,创新资本应通过与其他资本结合实现其价值。建立区域人力资本、结构资本、关系资本和创新资本四位一体智力资本发展路径,是实现区域智力资本价值,促进区域经济可持续发展的保障。

一、提升区域人力资本存量与质量。

人力资本在区域经济发展中的形态分为三种:经营者人力资本、管理型人力资本和技术型人力资本。三种形态人力资本对区域经济发展的贡献,就是区域人力资本的价值来源。经营型人力资本的价值主要来源于对区域组织系统的战略定位,发现区域组织系统价值增长的潜力所在,并且对其进行正确的开发和利用,从而为区域经济的增长和发展战略目标的实现找到源泉所在。管理型人力资本的价值来源具体体现在以下几种形式中:地区政府有效的管理制度、政府有效的激励和约束机制、优秀的区域文化、区域竞争力和可持续发展能力等。技术型人力资本的价值通过技术型人力资产的价值来实现,技术人力资产主要指区域创新体系。三种形态的人力资本有着各自相对独立的价值来源,需要区域组织系统中的各方力量的融合,以及相互之间的协调发展来促进区域人力资本的存量和质量的提升。

经济发展实践证明,在引进资金和先进技术的同时,如果没有相应存量和质量的人力资本,经济增长目标就不能有效启动。"十一五"末,甘肃省管理和专业技术人才总量达到 76.8 万人,其中专业技术人才 58.3 万人,管理人才 18.5 万人。全省技能人才总量达到 100 万人,高技能人才 21.1 万人。甘肃省现有各类专家 4962 人,其中两院院士 28 人,享受国务院政府特殊津贴专家 1276 人,国家有突出贡献中青年专家 42 人,"百千万人才工程"国家级人选 20 人,领军人才 943 名。人才层次、类型、性别和分布等结构趋于合理。在新一轮西部大开发中,甘肃省应结合自身实际,优先进行人力资本投资与积累,通过增加人力资本存量和质量来提高资金收益率,进而促进投资的增长和社会经济的发展。

二、增强区域结构资本的运行效率

结构资本是区域组织系统提供给人力资本的必要的环境、制度和基础设施,它是区域组织系统获得整体经济绩效的机制和体系。区域组织体系各部分能否顺畅运作,完全依赖于组织内部是否具备良好的协作机制,这种协作机制因组织而异,并随组织发展进入不同的阶段而不断变化和调节。区域组织体系作为一个经济组织,其发展目标是要实现区域价值的增值,这种组织内生的协作机制必然会具备资本的性质,产生增值效应,形成不断积累的结构资本,并通过满足个体成员社会性的协作动机来实现区域整体组织效率的提升。因此,区域组织系统必须在内部建立起权责界定清晰、流程运行顺畅、规范执行得力的制度化管理模式,通过建立良好的创新机制、激励模式和人力资源成长模式,增强区域结构资本的运行效率,构建起区域结构资本平台,发挥整合资源、提升组织效率、实现价值增值的作用。

经过多年的发展,甘肃省的综合经济实力持续增强,基础设施不断完善,投资环境不断改善。特别是区域发展迈出了新步伐,嘉峪关、金昌、武威、酒泉、庆阳5市的经济增速都在16%以上,白银、张掖、临夏3市州的经济增长速度在15%以上,超过了全省平均增速;规模以上工业增速超过20%的有8个市,各地竞相发展的势头更加强劲。甘肃省的区位、资源、市场和劳动力成本等,对产业和资本转移具有强大的吸附效应,产业承载和布局的空间十分广阔。从宏观政策看,中央强调要把稳增长放在更加重要的位置,已经并将继续在稳定投资、扩大内需、调整结构、改善民生等方面出台一系列强有力的政策措施,必将为甘肃省带来很多重大机遇。从甘肃省发展看,工业化、城镇化加速推进,资源、区位等比较优势和承接产业转移的后发优势日益凸显,为实现更长时期、更高水平、更好质量的发展提供了有力支撑。

三、提升区域关系资本水平

关系资本的形成是一个动态而复杂的过程。它不仅要求关系各方要相互融合其组织结构和区域文化,而且要消耗时间、物力、人力和财力。关系资本的建立有助于关系各方绩效的提高,创造新的合作价值。因此,区域组织系统应加强关系资本的营销,使关系资本收益大于成本。这样,关系各方就会有积极性来促成关系资本的形成,构建整个关系体的新的竞争优势。各经济主体是区域关系资本的重要组成部分,他们如果对区域社会经济活动产生理解和帮助,则对区域组织系统而言是提供了一个安全有效的发展环境,无形中增加了区域的价值和竞争优势。

由于历史、社会和自然条件等原因,甘肃省的对外贸易严重滞后于中、东部省市。随着新一轮西部大开发的深入,扩大甘肃省的对外贸易,逐渐缩小其与中、东部省市之间的差距,已成为当务之急。随着经济全球化的发展,甘肃省企业参与国际竞争,利用国际资源的意识不断加强,"十一五"末全省有进出口经营资格企业达到 1963 家,比"十五"末增加 1000 多家,有进出口实绩的企业有457 家,比"十五"末增加 223 家。"十一五"时期,甘肃外贸进口总值 194.6 亿美元,是"十五"时期的 5.7 倍;出口总值 71.4 亿美元,是"十五"增长 1.8 倍。外贸依存度和在全国的占比逐步提高,分别由"十五"末的 11% 和 1.85‰提高到"十一五"末的12.1%和2.4‰。2010 年,甘肃主要贸易伙伴国均呈增长态势,贸易伙伴遍及全球 137 个国家和地区。面对复杂多变的国内外环境和国际金融危机严重冲击,甘肃应围绕保增长、扩规模和调结构、转方式两条主线,坚持和强化应对金融危机所实施的一系列有效举措,加大外贸政策扶持力度,着力改善贸易便利环境,促使外贸平稳较快发展。

四、增强区域创新资本实力

智力资本的载体是知识,提升区域竞争力,关键就是实施区域创新,包括知识创新、技术创新、制度创新、组织创新、政策创新、管理创新等。增强区域创新资本实力,要深化改革,创新工作思路、创新体制机制;要创造良好的发展环境,为改革和产业转型赢得时间和空间,为区域经济长远发展打好根基;要加快转型,从传统资本结构向以创新为基础的智力资本转型;要科学发展,通过创新,构建区域的核心竞争力,实现区域经济可持续发展。

　　在世情、国情、科情深刻变革的历史背景下,甘肃在深化科技体制改革、实现创新驱动发展、加快创新型国家建设中的战略地位日益凸显。甘肃与其他省市的差距,归根到底是自主创新能力的差距。要看到科技创新的重大挑战和机遇,以更加强烈的意识加快创新型甘肃建设。近年来,甘肃整体科技创新能力得到明显提升,有力地支撑了区域发展和国家大局,科技创新优势一定能够成为甘肃经济社会科学发展的最大优势。甘肃省按照国家自主创新试验区模式,启动建设高新技术产业聚集区,重点支持兰(州)白(银)、天水、金(昌)武(威)、酒(泉)嘉(峪关)4个高新技术产业创新集群建设,形成能带动全省经济快速发展、有较强带动能力和竞争力的科技创新区域。

结　　论

一、研究工作总结

（一）智力资本理论是知识经济时代人力资本理论的进一步发展

不同经济时期的生产力有很大差异。农业经济时期的劳动生产率取决于劳动者、劳动工具和劳动对象的自然结合，价值创造主要表现为劳动者体力的支出，是一种体能生产力。工业经济时期以大机器工业生产体系为标志，劳动技术复杂性不断提高，劳动生产率的高低主要取决于劳动者的技能支出，是一种技能生产力。在知识经济时代，知识与智能在劳动生产活动中越来越占据主导地位。智能支出的数量和质量决定劳动效能，并成为衡量劳动生产率的重要尺度，劳动的实质在于劳动者智能的发挥，这是一种智能生产力。因此，知识创新成为提高劳动生产率的关键。

曾被预言家称为信息社会、后工业社会或人才时代的知识经济时代已经来到我们身边，而推动这个时代到来的力量，正是智力资本。在对人力资本促进经济增长的研究中发现，人力资本中隐含的价值对经济增长的作用更大，企业市场价值和财务价值之间巨大的差额应该有更广泛的价值来源。因此，智力资本作为知识经济时代的推动力量,是对人力资本理论在新的经济环境下的进一步发展和深化。智力资本是企业创造价值和获得持续竞争优势的重要源泉,是企业创新和利润增长的关键所在。智力资本研究能够帮助中国企业谨慎、客观地评核自身智力资本的情况和市场表现,全方位考量自身的真正价值,发现资产持续增长进程中的短板,进而采取有效措施,确保高增值、低损耗的有机发展。智力资本正是企业创新和竞争力的核心支柱。智力资本在经济运行系统创新、产业结构优化以及综合竞争力的提升中起到巨大的推动作用,智力资本已经成为经济增长方式转变和创新型国家建设的重要源泉。

(二)智力资本是转变经济发展方式的驱动力

改革开放以来,中国经济社会高速发展,创造了举世瞩目的经济奇迹,但是我们应该看到,经济快速增长的同时还带来了很多矛盾,其中重要的一个矛盾就是环境、生态、能源、资源方面的代价太大,经济发展模式出了结构性的问题,经济发展中存在不平衡、不协调、不可持续的问题,如果处理不好,就会得不偿失。我国经济步入新一轮调整期,放缓发展速度,转变经济发展方式,实现可持续发展,是我国经济发展的目标,在满足这一代的发展需求所采取的措施不能影响下一代人的发展。

区域经济竞争力的强弱,并非主要由其资源禀赋、物质资本等差异决定,关键取决其智力资本价值状况。提升智力资本价值,不仅是促进经济发展的动力,而且是经济发展方式转变的决定性因素。智力资本价值提升促进经济发展方式转变的作用方式主要表现在以下几个方面:第一,智力资本价值提升促进技术进步,提高自主创新能力。智力资本能够成为决定经济发展的重要因素,关键在于它具有特殊的生产功能。从生产过程角度看,它具有要素和效率两方面的生产功能。前者指智力资本是生产过程必不可少的先决条件或投入要素,后者指智力资本是提高生产效率的关键因素。自主创新是转变经济发展方式的内在动力和紧迫任务,而以智力资本价值提升为依托的技术进步因素是促进我国提高自主创新能力的关键因素。第二,智力资本价值提升推动经济结构调整优化。经济发展方式转变既表现为经济增长,也表现为经济结构优化。经济结构优化的外延是寻求新的经济增长模式。经济结构优化受制于自然资源禀赋,更取决于其智力资本价值结构的优化。第三,智力资本价值提升为经济发展和社会进步提供智能资源。智力资本价值提升有助于人力资本认知能力的提高、思想道德观念的更新、行为方式的转变和其道德品格、精神本质的重塑,从而为社会进步和经济发展提供智能资源。第四,智力资本价值提升决定经济的可持续发展。可持续发展的内涵可概括为:生态、经济和社会持续发展的统一。面对资源、环境、市场三大瓶颈,智力资本价值提升成为可持续发展的根本决定因素。

(三)以甘肃省为例,对区域智力资本影响区域经济发展的结论进行实证分析

智力资本理论不仅在企业管理层面具有重要意义,而且在国家和地区经济发展层面上也具有重要的战略意义。依附于区域经济系统的区域智力资本是区域所拥有的隐性价值,是可以利用的所有无形资源,它们是当前和未来财富创造的源泉。

通过第四章和第五章的分析,得出结论:(1)甘肃省的区域智力资本水平在全国 31 个省(市、自治区)中排名第 22,低于全国平均水平;(2)通过对甘肃省区域智力资本水平和区域经济发展中的经济增长水平、产业高级化水平和城市化水平三方面的相关性分析,发现区域智力资本水平与智力资本的产出贡献率、人均

GDP、产业结构高级化水平、区域城市化都是正相关的,其中,与人均 GDP 相关性达到 0.98 以上,与智力资本产出贡献率相关性超过 0.9,与区域城市化水平相关性接近 0.9,与产业结构高级化水平中度相关。相关性分析结果说明区域智力资本有力的促进了区域经济的发展;(3)分析表明,智力资本各要素与区域经济发展中度正相关,说明区域人力资本、关系资本、结构资本、创新资本的提升都可以促进区域经济发展。其中创新资本和人力资本与区域经济发展之间关联度较高,关系资本和结构资本与区域经济发展之间关联度较低,说明区域人力资本和创新资本对区域经济发展的贡献率高于结构资本和关系资本。

二、研究工作展望

目前,对区域智力资本资本的研究尚未形成体系,虽然有许多文献都提到区域智力资本,但对其内涵、结构及运行机理还很难达成一致,还有可供更加深入细致研究的空间。

(一)区域智力资本构成与测评体系研究。

区域智力资本研究是智力资本理论和方法在国家和区域层面的延伸和拓展,是一个相对年轻的、崭新的学科领域,虽然已有一些研究成果产生,但对于一个研究领域的完善和系统化,还远远不够,对区域智力资本的结构组成和测评体系的研究还有待进一步深入和完善,不断在实践中通过实证分析和检验,探寻适应不同地区和不同经济发展阶段的区域智力资本测评体系。

(二)区域智力资本的价值实现机理研究。

区域智力资本的价值创造与实现是区域经济发展的根本,区域智力资本诸要素的价值实现机理还有待进行更深刻的研究,各要素价值实现的独特机理以及各要素的协同力是需要研究的关键。

（三）区域智力资本的环境基础研究。

区域智力资本的影响环境包括硬环境、软环境及自身环境，对区域智力资本的环境基础进行系统研究，通过区域资源整合，建立合作与竞争机制，最大限度调动区域资源价值转换能力，为区域价值实现创造良好的环境基础。

（四）区域智力资本管理研究。

区域智力资本管理是一个复杂系统的综合管理问题，还有待更加全面系统地梳理和研究，特别是如何借鉴相关领域的管理理论和方法，构建区域智力资本科学高效的管理方法和良性的调控机制是有意义的研究方向。

参考文献

[美]约翰·肯尼思·加尔布雷思:《权力的分析》,陶远华、苏世军译,河北人民出版社 1988 年版。

[英]安妮·布鲁金:《智力资本——第三资源的应用与管理》,赵洁平译,东北财经大学出版社 2003 年版。

郝丽萍、黄福广:《企业的智力资本与企业发展》,《天津大学学报》(社会科学版)1999 年第 4 期。

芮明杰、郭玉林:《智力资本激励的制度安排》,《中国工业经济》2001 年第 9 期。

余绪缨:《智力资产与智力资本会计的几个理论问题》,《经济学家》2004 年第 4 期。

李玲:《智力资本对经济增长的贡献分析》,《中央财经大学学报》2000 年第 3 期。

谭劲松:《智力资本会计研究》,中国财政经济出版 2001 年版。

李平、刘希宋:《知识经济时代的企业智力资本开发》,《中国人力资源开发》2005 年第 6 期。

亚当·斯密:《国民财富的性质和原因的研究》(上卷),商务印书馆 1991 年版。

西奥多·W.舒尔茨论:《人力资本投资》,北京经济学院出版社 1990 年版。

加里·S.贝克尔:《人力资本》,北京大学出版社 1987 年版。

高新才、滕堂伟:《西北区域经济发展蓝皮书——甘肃卷》,人民出版社 2008 年版。

李国璋:《软投入及产出数量分析》,甘肃科学技术出版社 1995 年版。

陈永品等:《从区域价值理论出发构建国家级高新区绿色增长评价体系》,《中国科技产业》2010 年第 9 期。

高新才:《区域经济与区域发展——对甘肃区域经济的实证研究》,人民出版社 2002 年版。

王治宇、马海涛:《综合评价人力资本水平指标体系的构建》,统计与决策》2007 年第 21 期。

张治理:《新财富观与知识资产》,《经济管理》2006 年第 11 期。

王静:《教育产业与人力资本的现代理论分析》,《前沿》2006 年第 6 期。

贾洪芳:《浅析人力资源在经济发展中的地位和作用》,《辽宁科技学院学报》2002 年第 1 期。

刘敏、许征文:《战略管理理论的历史演变和最新进展》,《东方企业文化》2007 年第 5 期。

冯丹龙、曾玉磊:《智力资本的国际视角》,《经济月刊》2003 年第 11 期。

[美]托马斯·A.斯图尔特:《"软"资产:从知识到智力资本》,邵剑兵译,辽宁教育出版社 2003 年版。

[美]帕特里克·沙利文:《价值驱动的智力资本》,赵亮译,华夏出版社2002 年版。

[日]伊丹敬之:《新经营战略的理论——无形资产的作用》,曾永寿、胡素兰、李天送译,上海社会科学院出版社 1990 年版。

[瑞典]维斯比、[英]劳埃德:《知识型企业的管理:通过鼓励创造性来增加价值》,梁立新译,海洋出版社 2002 年版。

李平:《国家智力资本理论研究现状及启示》,《重庆工商大学学报》2006年第 3 期。

潘忻:《城市智力资本的测量:以南京市为例》,《江苏统计》2003 年第1 期。

陈武、何庆丰、王学军:《国家智力资本与国家创新能力的关系——基于20 年面板数据的实证研究》,《中国科技论坛》2011 年第 4 期。

万希:《国家智力资本研究的发展与启示》,《经济问题探索》2011 年第9 期。

[法]阿莫德·波尔弗、[瑞典]利夫·埃德文森:《国家、地区和城市的知

识资本》,于鸿君、石杰译,北京大学出版社 2007 年版。

[瑞典]卡尔·爱瑞克·斯威比:《知识探戈——管理与测量知识资本的艺术》,王鄂生译,海洋出版社 2007 年版。

张秀萍、柳中权等:《区域智力资本的测度及其提升的主要路径选择——以辽宁省为例》,《湖南大学学报》(哲社版)2011 年第 3 期。

张其春:《区域智力资本对经济增长方式转变的影响机理分析》,《沈阳建筑大学学报》(社会科学版)2010 年第 4 期。

蒋艳:《基于 BSC 的企业智力资本计量与报告研究》,中南大学 2010 年硕士论文。

冷国杰:《CoPS 创新利益相关者管理的智力资本测量研究》,浙江工商大学 2011 年硕士论文。

李平:《区域智力资本:区域经济研究的新视角》,《重庆大学学报(社科版)》2007 年第 5 期。

陈钰芬:《区域智力资本测度指标体系的构建》,《统计研究》2006 年第 6 期。

李平:《区域智力资本开发:振兴东北老工业基地的战略选择》,《当代财经》2006 年第 11 期。

吴冬:《区域智力资本与经济发展关系研究——以辽宁省为例》,大连理工大学 2009 年硕士论文。

黄慧琴、刘剑民:《智力资本计量模型的构建》,《当代财经》2005 年第 2 期。

蔡凡、万希:《西方智力资本测量方法述评》,《中国科技论坛》2005 年第 3 期。

万希:《智力资本理论研究综述》,《经济学动态》2005 年第 5 期。

郑涛、朱军才:《智力资本计量模型比较与启示》,《华东交通大学学报》(社科版)2007 年第 4 期。

曾洁琼:《企业智力资本计量问题研究》,《中国工业经济》2006 年第 3 期。

袁艺、袁一骏:《智力资本测量模型评述》,《外国经济与管理》2002 年第 8 期。

马娜:《基于系统动力学的智力资本投资决策可行性分析》,《中小企业管理与科技》2010 年第 5 期。

李平:《基于生命周期理论的企业智力资本开发策略》,《统计与决策》2006 年第 22 期。

任俊义:《社会资本视角下企业智力资本形成机理研究》,《科研管理》2011 年第 2 期。

杨隽萍、游春:《基于知识管理视角的智力资本与企业价值耦合性分析》,《贵州社会科学》2011 年第 4 期。

李冬伟、李彩艳、任玲:《动态能力观下的智力资本与企业竞争力关系研究》,《华东交通大学学报》2011 年第 3 期。

张宗益、韩海东:《基于协同机理的智力资本转化路径研究》,《商业研究》2010 年第 12 期。

杨蔓利:《高新技术企业智力资本构成及其评价指标体系研究》,《商场现代化》2010 年第 36 期。

陶水龙、姜广澳:《高校智力资本构成及其协同增效研究》,《当代经济》2011 年第 4 期。

王雯、陈唏:《区域性银行智力资本对经营绩效影响的实证分析》,《福建金融》2011 年第 11 期。

黄睿、蔡玫、徐蕴颉、花卉:《商业银行智力资本与绩效相关性研究》,《经济视角》(下)2011 年第 1 期。

孔玉生、刘亭:《医院智力资本会计浅析》,《财会通讯》2010 年第 1 期。

周杰:《通信智力资本激励研究》,《河北企业》2011 年第 8 期。

闫海强、刘君:《浅析中小企业智力资本管理》,《合作经济与科技》2011 年第 24 期。

熊山、陈一君、曾凡英:《基于 H-S-C 结构的盐业智力资本管理》,《统计与决策》2010 年第 21 期。

张洪珍、丁玲:《中小企业智力资本与企业成长相关性实证研究》,《财贸研究》2009 年第 1 期。

刘超、马惠琪、刘卫东:《软件企业智力资本对企业成长的影响机制研究》,《技术经济与管理研究》2008 年第 5 期。

王宁、王艳筠:《我国软件企业智力资本价值评估》,《科技管理》2008 年第 10 期。

李慧娟、王琳：《能源行业智力资本对企业绩效影响的实证研究》，《统计与决策》2010 年第 24 期。

王琴：《旅游企业的智力资本管理》，《财会通讯》（理财版）2006 年第 12 期。

李经路：《智力资本价值贡献问题研究动态》，《经济问题探索》2011 年第 11 期。

陈芳科：《论管理会计中智力资本的价值量化评估》，《财经界》（学术版）2011 年第 11 期。

杜娟：《智力资本的价值实现与产权安排》，《求索》2011 年第 9 期。

王涛：《基于绩效的智力资本管理研究》，武汉理工大学 2006 年硕士论文。

任冠华：《企业智力资本绩效评价问题研究》，厦门大学 2007 年硕士论文。

饶淑华：《智力资本驱动因素及其信息披露研究》，复旦大学 2005 年博士论文。

王雪：《上市公司智力资本信息披露的市场效应研究》，西北大学 2010 年硕士论文。

孟家新：《企业智力资本信息披露研究——基于山东上市公司的实证分析》，《商业会计》2011 年第 8 期。

汪炜：《我国智力资本信息披露问题探索》，《合作经济与科技》2010 年第 23 期。

徐程兴：《上市公司智力资本信息披露管制研究》，《科技进步与对策》2009 年第 1 期。

李斌、赵玉勇：《智力资本信息披露与公司治理结构实证分析》，《财经问题研究》2009 年第 6 期。

徐国辉：《人力资本与经济增长理论综述及启示》，《科技信息》2010 年第 9 期。

杨政、董必荣、施平：《智力资本信息披露困境分析》，《会计研究》2007 年第 1 期。

李冬伟、汪克夷：《智力资本流派研究》，《科技进步与对策》2009 年第 20 期。

冉秋红、李记龙、刘雯雯:《企业智力资本结构及其计量方法研究》,《财会通讯》2010 年第 15 期。

任俊义:《企业智力资本测量方法综述》,《科技资讯》2010 年第 20 期。

陈永品等:《从区域价值理论出发 构建国家级高新区绿色增长评价体系》,《中国科技产业》2010 年第 9 期。

王蕙、汪雷:《企业智力资本评价指标体系研究》,《铜陵学院学报》2009 年第 3 期。

张丹、牛晓君:《企业智力资本报告的国际演进与发展》,《工业技术经济》2009 年第 11 期。

江丰沛:《企业智力资本的开发路径分析》,《烟台大学学报》(哲社版)2008 年第 2 期。

杨广宇、刘秋生:《企业智力资本开发探析》,《财会通讯》(理财版)2008 年第 12 期。

李平:《企业智力资本开发:一个三维理论框架》,《科技进步与决策》2007 年第 12 期。

陈姣:《智力资本会计的计量方法》,《湖南科技学院学报》2011 年第 6 期。

何旭峰、王仲贵:《智力资本会计框架研究》,《财会通讯》2011 年第 10 期。

周世瑛、杨琳:《浅谈智力资本会计计量》,《广东技术师范学院学报》2009 年第 7 期。

吉仕红、杨亚萍:《智力资本会计及其货币计量探讨》,《财会通讯》2009 年第 22 期。

赵彦峰:《中国智力资本会计研究回顾与展望》,《石家庄经济学院学报》2008 年第 6 期。

王莉静:《基于自组织理论的区域创新系统演进研究》,《科学学与科技管理》2010 年第 8 期。

张梅良、唐代喜:《对无形资产价值实现的再认识》,《求索》2007 年第 9 期。

朱乃肖:《论智力资本的理论基础及在中国的实践意义》,《海派经济学》2110 年第 3 期。

张梅良：《影响我国企业智力资本价值难以实现的原因分析》，《经济师》2007 年第 6 期。

王连芬、张少杰：《知识价值的实现过程及其机理》，《工业技术经济》2005 年第 2 期。

姜永常、杨宏伟：《智力资本价值创造潜力的决定因素与转化管理》，《哈尔滨商业大学学报》（社科版）2007 年第 3 期。

谢志华、郑职权：《无形资产价值：创造与实现》，《会计之友》2006 年第 9 期。

王晨、茅宁：《以无形资产为核心的价值创造系统》，《科学学研究》2004 年第 4 期。

陈武、王学军：《区域智力资本与区域创新能力——基于相关关系及其影响模型的实证研究》，《技术经济》2010 年第 2 期。

刘玎琳：《区域智力资本研究述评》，《商业时代》2010 年第 20 期。

陈武：《区域智力资本指标体系构建及其测度——基于湖北省 12 年数据的实证研究》，《经济研究导刊》2010 年第 24 期。

蒲惠英、陈和：《区域智力资本对区域经济发展的影响——基于广东省的实证研究》，《工业技术经济》2010 年第 9 期。

陈武、王学军：《基于 CSM 的区域智力资本与区域创新能力的互动模型研究》，《商业研究》2010 年第 10 期。

蒲祖生：《区域智力资本与区域企业成长相关性影响》，《统计与决策》2010 年第 24 期。

董必荣、凌华、陈效林：《江苏区域智力资本的测算与比较分析》，《产业与科技论坛》2010 年第 10 期。

张其春：《智力资本影响区域经济发展的机理分析》，《长春工业大学学报》（社会科学版）2009 年第 6 期。

张小红：《智力资本及其管理研究》，中国农业科学出版社 2008 年版。

李浩：《企业技术创新中智力资本价值实现研究》，大连理工大学 2004 年博士论文。

高薇：《浅析现代经济增长理论》，《技术经济与管理研究》2011 年第 3 期。

朱华、周玉霞：《智力资本理论——人力资本在知识经济时代的新发展》,《武汉大学学报》(哲社版)2009 年第 5 期。

赵莉:《人力资本理论与企业人力资源开发战略》,《新视野》2002 年第
6 期。

万希:《从自组织理论视角看智力资本的开发》,《经济管理》2005 年第
2 期。

李玉江、吴玉麟、陈培安:《区域人力资本研究》,科学出版社 2006 年版。

芮明杰、郭玉林、孙琳:《智力资本收益分配论》,经济管理出版社 2006
年版。

王月欣:《企业智力资本价值与评价研究》,新华出版社 2010 年版。

[英]爱德华·德·波诺:《六顶思考帽:迅速搭建智力资本扩张的平
台》,冯杨译,科学技术出版社 2004 年版。

万希:《企业智力资本开发与管理》,中国社会科学出版社 2009 年版。

刘树成、张平:《"新经济"透视》,社会科学文献出版社 2001 年版。

陶德言:《知识经济浪潮》,中国城市出版社 1998 年版。

夏同水、张延华:《区域智力资本投资与经济增长的关系——对我国 20
个省市 20 年间面板数据分析》,《山东大学学报》(哲社版)2011 年第 2 期。

朱瑜、王雁飞、蓝海林:《智力资本理论研究新进展》,《外国经济与管理》
2007 年第 9 期。

叶陈毅:《重视无形资产的危机管理》,《经济导刊》2006 年第 3 期。

张静论:《如何构建创新型人力资本》,《知识经济》2010 年第 1 期。

靳娟:《关于创新型人力资本的思考》,《首都师范大学学报》(社会科学
版)2005 年第 10 期。

杨琦:《浅议研究机构的无形资产管理》,《山西经济管理干部学院学报》
2008 年第 9 期。

王霆:《结构资本:企业系统效率的源泉》,《中共中央党校学报》2006 年
第 12 期。

杨孝海:《企业关系资本与价值创造关系研究》,西南财经大学 2010 年
博士论文。

汤志江、田华杰、段迎军:《解决国有企业无形资产流失的对策思考》,
《浙江金融》2006 年第 11 期。

彭星闾、龙怒:《关系资本——构建企业新的竞争优势》,《财贸研究》

2004 年第 10 期。

冯勇:《知识经济下企业智力资本管理与绩效关系的实证研究》,复旦大学 2009 年博士论文。

唐锦铨:《知识管理中的资本概念辨析》,《科技情报开发与经济》2008年第 1 期。

徐爱萍:《智力资本的三维协同机理与绩效评价研究》,武汉理工大学 2009 年博士论文。

王建中:《强化企业的结构性智力资本》,《现代企业教育》2011 年第 6 期。

冯勇:《试论企业智力资本管理体系的构成》,《商业时代》2010 年第 5 期。

董必荣:《国外企业智力资本报告模式述评》,《上海立信会计学院学报》2010 年第 5 期。

闫婷婷:《智力资本对区域可持续发展支撑能力的评价——以山东省为例》,《经济研究导刊》2010 年第 5 期。

刘晓明、于君:《智力资本价值创造理论研究述评及未来研究》,《工业技术经济》2010 年第 5 期。

董必荣、孙国岩、史晓明:《论区域智力资本与江苏经济发展》,《金融纵横》2011 年第 2 期。

苏方国:《城市智力资本的理论述评》,《现代管理科学》2011 年第 1 期。

丁卓琪:《区域智力资本与经济发展关系研究》,《中国城市经济》2011年第 14 期。

刘春云:《新疆经济发展现状及对策》,《合作经济与科技》2010 年第 15 期。

张文贤:《人力资本三部曲:定位·定价·定性》,《会计之友》(上旬刊)2007 年第 10 期。

王国平:《城市论——以杭州为例》,人民出版社 2009 年版。

《中国智能资产指数研究报告》(第一期)2011 年。

杨帆:《西方智力资本计量理论评述》,《商业时代》2009 年第 16 期。

苏方国、甘英英、梁小燕:《城市智力资本指数模型.第六届(2011)中国管理学年会——城市与区域管理分会场论文集》2011 年。

何川、杭省策:《企业智力资本的多级模糊评估模型研究》,《现代制造工程》2008年第2期。

李蔚田、范刚龙:《企业智力资本价值链研究》,《企业经济》2006年第9期。

周扉:《智力资本会计确认理论与计量方法改革新探》,《大众科技》2010年第5期。

朱宇、原毅军:《人工神经网络在智力资本测量中的应用》,《CAD/CAM与制造业信息化》2002年第2期。

高亚莉、张薇、李再扬:《2000~2007年我国区域智力资本的测量》,《情报杂志》2009年第9期。

袁瑞萍、吴祈宗、韦建:《区域智力资本测评及管理模型研究》,《商业时代》2009年第10期。

赵海林:《区域智力资本的衡量及和谐发展》,《华东经济管理》2008年第11期。

王孝斌、陈武、王学军:《区域智力资本与区域经济发展》,《数量经济技术经济研究》2009年第3期。

雷丽平、于钦凯:《中国人力资源开发对区域经济发展的影响及对策研究》,《人口学刊》2004年第8期。

黄巧敏:《福建省R&D活动现状的实证分析》,《海西建设研究》2009年第5期。

发改委专家:《中国经济增长持续至2020年》,2008年4月27日,见中国评论新闻网 http://www.chinareviewnews.com。

乔晓春:《从"六普"数据看我国人口状况变化》,2011年8月12日,见http://www.zgxxb.com.cn。

社科院:《中国社会和谐稳定研究报告》,2008年9月12日,见新浪新闻中心 http://www.sina.com.cn。

李国璋、张唯实:《制度差异与中国区域经济发展研究》,《统计与决策》2011年第7期。

原毅军、孙晓华、柏丹:《智力资本的价值创造潜力》,《科学技术与工程》2005年第3期。

戴建军:《知识经济对会计的影响》,《现代企业》2007年第7期。

邱萱、邓琳琳:《智力资本信息披露影响因素分析》,《北方经济》2008年第 14 期。

朱保华:《新经济增长理论》,上海财金大学出版社 1999 年版。

Bontis, N., "Assessing knowledge assets: A review of the models used to measure intellectual capital", *International Journal of Management Reviews*, Vol. 3,2001.

Stewart, T.A., "Brainpower: How Intellectual Capital Is Becoming American's Most Valuable Asset", *Fortune*, June 1991.

Stewart, "Your Company's Most Valuble AssetIntellectual Capital", *Fortune*, 1994.

Stewart, T.A., *Intellectual Capital: The New Wealth of Organizations*, Double day, 1997.

Edvinsson, L. & MS. Malone, *Intellectual Capital: Realizing Your Company's True Value by Finding Its Hidden Brainpower*, New York: Harper Business, 1997.

Leif Edvinsson, Patrick Sullivan, "Developing a Model for Managing Intellectual Capital", *European Management Journal*, Vol.4, 1996.

Pike.S, Roos.G., "Mathematics and modern business management", *Journal of Intellectual Capital*, Vol. 5, No.2. (2004).

Andriessen D G, Stam C D, "Intellectual Capital of the European Union", *Management of Intellectual Capital and Innovation*, 2005.

Sveiby Karl Erik, "Methods for Measuring Intangible Assets", *Working paper*, 2001.

Booking. A., *Intellectual capital*, London: International Thompson Bussiness Press, 1996.

Bassi, L J, and Van Buren, M E, "Valuing investment in intellectual capital", *International Journal of Technology Management*, Vol.18, 1999.

J.Mincer, *A study of Personal Income Distribution*, Columbia University, 1957.

Romer.P.M, "Increasing returns and Long-run grouth", *Journal of Political Economy*, Vol. 94, 1986

Barczak G., *Intellectual Capital Exploitation Strategy and Process*, 2006.

Pacione M, "The internal structure of cities in the third world", *Geography*, Vol.83, No.3 (2001).

附　　表

附表 1:2010 年全国人力资本指标数据

	H$_{11}$	H$_{12}$	H$_{13}$	H$_{14}$	H$_{21}$	H$_{22}$	H$_{23}$	H$_{24}$	H$_{31}$	H$_{32}$	H$_{33}$	H$_{34}$
全国	739.46	8.45	5623	12.33	588	2.65	1.09	3.45	552.58	3.06	4.15	7.08
甘肃	783	7.34	5775	17.4	758	1.51	0.7	2.38	365.11	2.85	3.38	6.71
辽宁	802.8	9.36	5706	9.98	1200	4.34	1.63	4.93	777.05	4.09	5.32	5.09
江苏	881.07	8.62	6463	11.72	387	6.22	1.58	4.43	592.86	3.16	4.16	6.99
湖北	554.7	8.57	7309	13.27	601	2.46	0.87	3.56	447.13	2.8	4.02	6
四川	551.55	7.75	5174	14.55	557	2.06	0.64	2.64	409.13	2.88	3.37	6.43
陕西	824.4	8.68	7946	15.21	761	2.13	0.99	2.66	561.59	3.26	4.46	6.24
广东	833.37	8.94	5902	10.33	417	3.5	1.73	5.38	671.76	2.99	5.04	4.52
河北	624.55	8.48	5569	16.39	451	1.95	0.78	2.28	582.54	2.95	3.71	6.43
山西	811.31	8.95	6494	12.43	691	3.1	0.97	2.89	493.42	3.78	5.38	5.98
河南	554.59	8.44	5923	15.31	425	1.42	0.82	2.35	481.38	2.65	3.38	6.64
吉林	792.06	8.98	5748	13.98	914	2.31	0.99	5.1	836.19	3.7	4.87	4.74
黑龙江	696.84	8.81	5318	9.63	888	3.32	1.38	4.53	736.47	3.49	4.56	5.42
内蒙古	1005.3	8.57	5438	13.93	1135	2.34	1.07	3.75	724.38	3.16	5.5	5.61
山东	647.8	8.37	5483	11.49	362	3.45	1.07	3.03	583.55	3.4	4.39	6.08
安徽	528.12	7.67	5429	16.55	496	1.44	0.69	2.63	433.29	2.4	3.07	6.6
浙江	1002.6	8.5	5454	7.11	296	4.33	1.73	3.92	826.51	3.35	5.65	5.59

续表

	H_{11}	H_{12}	H_{13}	H_{14}	H_{21}	H_{22}	H_{23}	H_{24}	H_{31}	H_{32}	H_{33}	H_{34}
福建	765.24	8.44	5764	9.22	366	2.28	1.08	3.54	410.47	2.73	3.74	6
湖南	558.19	8.53	5245	14.21	563	2.09	0.69	3.22	485.56	2.81	3.62	6.94
江西	568.41	8.59	5734	16.13	495	2.03	0.7	3.32	369.86	2.22	3.25	5.98
贵州	675.94	7.11	3690	18.91	395	0.71	0.43	1.68	253.39	2.23	2.37	6.69
云南	674.21	6.94	3876	16.26	665	1.1	0.49	1.88	371.37	2.94	3.02	6.45
宁夏	1015.8	8.3	6888	13.5	763	2.11	0.82	3.38	617.07	3.33	4.48	6.71
青海	1109.2	7.54	4843	14.5	1689	1.45	0.73	2.12	463.14	3.32	3.38	6.19
广西	610.79	8.14	4517	18.62	419	1.37	0.55	1.98	335.7	2.34	3.32	5.64
西藏	2104.8	4.56	3399	18.65	1150	0.36	0.34	1.41	138.33	2.82	3.49	5.07
新疆	1112.5	8.75	4638	13.29	822	1.97	1.22	3.98	462.98	4.84	5.47	5.43
海南	862.19	8.51	5612	14.1	917	2.58	1.28	3.73	481.38	2.51	4.3	5.7
北京	2083.6	11.48	8885	6.73	1335	6.55	4.48	7.18	1311.2	6.8	12.92	4.56
上海	1806.1	10.88	6375	6.94	1749	6.22	3.11	9.42	972.13	5.67	9.48	5.94
天津	1413.6	10.22	7472	8.21	944	4.01	2.28	5.78	1059.3	4.26	6.9	5.7
重庆	665.55	7.99	6345	13.58	821	3.15	0.85	3.04	624.43	2.65	3.05	6.2

附表 2：2010 年全国结构资本指标数据

	S_{11}	S_{12}	S_{13}	S_{21}	S_{22}	S_{23}	S_{31}	S_{32}	S_{33}	S_{34}
全国	10.3	46.3	43.4	8.92	16.71	94.93	2976898	21.17	98.8	2037.36
甘肃	14.7	45.1	40.2	8.46	36.79	84.04	49968	10.1	101.8	1372.64
辽宁	9.3	52	38.7	10.46	17.63	95.3	95505	31.27	99.8	2234.56
江苏	6.6	53.9	39.6	9.37	11.66	98.77	200713	19.75	98.9	2346.77
湖北	13.9	46.6	39.6	6.28	16.13	91.98	94334	13.81	98.6	1471.64
四川	15.8	47.4	36.7	8.3	25.37	91.85	220020	14.45	100.1	1433.2
陕西	9.7	51.9	38.5	9	22.54	89.67	84303	24.54	99.9	1979.23

续表

	S_{11}	S_{12}	S_{13}	S_{21}	S_{22}	S_{23}	S_{31}	S_{32}	S_{33}	S_{34}
广东	5.1	49.2	45.7	9.24	10.98	97.89	418938	17.6	96.8	4304.95
河北	12.8	52	35.2	6.19	13.62	96.95	77773	17.49	99	1705.65
山西	6.5	54.3	39.2	10.95	21.22	92.55	36474	31.96	99.1	1852.63
河南	14.2	56.5	29.3	5.78	14.92	97.19	144203	17.91	99.4	1347.69
吉林	13.5	48.7	37.9	6.69	20.32	95.99	58580	12.69	99.3	1919.79
黑龙江	13.4	47.3	39.3	7.47	21.87	93.3	43365	14.17	98.9	1822.14
内蒙古	9.5	52.5	38	8.74	19.78	94.221	22077	47.03	99.5	2288.39
山东	9.5	55.8	34.7	6.49	9.64	97.89	234564	29.99	99.4	1770.38
安徽	14.9	48.7	36.4	8.59	21.29	94.31	141229	32.08	99	1147.32
浙江	5.1	51.8	43.1	9.32	11.54	96.53	199068	29.26	98.8	3352.66
福建	9.7	49.1	41.3	7.62	11.54	92.7	75009	16.04	97.9	2754.84
湖南	15.1	43.5	41.4	6.49	16.93	91.94	140572	20.13	98.5	1405.56
江西	14.4	51.2	34.4	7.59	20.41	94.04	70496	19.42	99.1	1337.23
贵州	14.1	37.7	48.2	10.64	35.07	90.58	64918	9.16	97.6	1225.84
云南	17.3	41.9	40.8	11.32	31.64	89.19	35556	10.07	100.1	1485.4
宁夏	9.4	48.9	41.7	8.24	31.95	92.71	12629	46.77	99.5	1919.25
青海	9.9	53.2	36.9	8.11	45.02	83.73	10071	17.72	101.6	1629.62
广西	18.8	43.6	37.6	8	20.9	94.91	68593	19.45	98	1429.77
西藏	14.5	31	54.6	6.82	1.07	42.62	7844	3.25	99.5	1827.23
新疆	17.8	45.1	37.1	9.09	31.49	82.09	29886	20.87	100.4	2143.21
海南	27.9	26.8	45.3	10.78	29.38	90.68	40735	21.29	98.5	2221.84
北京	1	23.5	110.2	16.67	19.08	98.83	129534	11.66	97.8	5529.6
上海	0.8	39.9	59.4	16.88	19.87	98.63	9571	39.91	99.4	5386.36
天津	1.7	53	45.3	10.93	14.95	98.8	23337	34.46	98.9	3176.63
重庆	9.3	52.8	37.9	10.03	19.79	93.55	113981	23.98	97.3	1717
	S_{35}	S_{36}	S_{41}	S_{42}	S_{43}					

	S_{11}	S_{12}	S_{13}	S_{21}	S_{22}	S_{23}	S_{31}	S_{32}	S_{33}	S_{34}
全国	2876.96	79.49	42.37	12.45	147.55					
甘肃	2030.01	62.55	17.11	17.3	48.98					
辽宁	3692.98	102.13	29.18	8.68	194.07					
江苏	3579.29	98.42	43.16	5.02	146.44					
湖北	2568.18	73.87	29.04	24.7	138.28					
四川	1997.56	61.31	16.59	8.08	96.36					
陕西	2637.86	83.57	39.99	13.21	101.79					
广东	5042.54	127.52	18.12	13.82	440.56					
河北	2618.56	72.89	15.69	3.33	60.06					
山西	3104.43	83.57	24.31	5.88	77.97					
河南	2115.53	57.42	14.1	4.24	70.42					
吉林	2650.07	78.68	57.75	16.29	144.15					
黑龙江	2383.69	71.51	11.6	6.86	59.97					
内蒙古	2374	84.95	22.21	2.19	34.12					
山东	2923.88	79.74	21.81	5.12	167.28					
安徽	1743.6	55.81	28.18	3.88	58.36					
浙江	4733.59	127.17	39.56	5.17	262.35					
福建	4491.32	107.08	14.25	3.67	104.27					
湖南	2194.82	61.18	26.88	8.14	70.2					
江西	1782.43	51.81	22.47	5.17	55.59					
贵州	1508.69	50.14	15.02	2.43	34.61					
云南	1846.42	55.12	20.94	3.23	65.14					
宁夏	2255.29	79.54	22.14	11.86	39.54					
青海	2763.32	73.62	14.59	2.57	46.56					
广西	2121.09	56.58	34.35	3.61	49.66					
西藏	1827.3	61.34	16.48	2.52	32.48					

续表

	S_{11}	S_{12}	S_{13}	S_{21}	S_{22}	S_{23}	S_{31}	S_{32}	S_{33}	S_{34}
新疆	2937.05	77.06	31.28	3.49	54.48					
海南	2823.85	78.6	48.02	8.51	86.05					
北京	6284.9	154.91	1254.74	338.16	1324.79					
上海	6095.78	158.7	126.24	46.65	405.5					
天津	4592.24	112.18	32.99	14.67	465.13					
重庆	2808.67	72.35	31.89	12.48	121.74					

附表3:2010年全国关系资本指标数据

	R_{11}	R_{12}	R_{13}	R_{14}	R_{21}	R_{22}	R_{23}	R_{24}	R_{25}	R_{31}	R_{32}
全国	17.72	21.17	44.05	24.73	38.97	97.78	-0.0144	41.5	46.35	8039.18	0.747
甘肃	5.54	1.3	8.71	4	43.69	96.75	-0.1888	32.8	35.61	6.07	0.022
辽宁	11.64	13.18	51.98	33.5	38.21	97.84	-0.0311	38.31	42.25	293.2	0.732
江苏	24.3	34.69	77.38	41.7	33.33	98.32	0.0728	39.06	44.59	556.83	0.699
湖北	3.37	4.62	17.46	10.17	45.74	97.41	0.0068	28.58	32.86	133.46	0.236
四川	4.24	6.01	19.55	11.87	40.69	97.95	-0.0536	15.09	18.17	84.99	0.122
陕西	3.24	2.93	11.9	7.12	33.04	95.92	-0.1438	20.38	23.94	145.08	0.566
广东	38.32	54.55	59.86	35.61	37.72	97.09	0.1507	45.31	47.11	2747.8	1.524
河北	4.85	5.46	12.89	6.92	33.45	97.39	0.0435	13.21	15.84	84.22	0.107
山西	4.67	2.31	16.71	8.25	38.17	97.48	-0.1166	31.92	36.76	106.78	0.308
河南	1.89	2.26	10.67	5.88	34.63	98.46	-0.1317	14.73	15.83	125.85	0.133
吉林	7.1	2.58	15.88	8.76	40.61	96.82	-0.2578	12.93	14.42	68.05	0.2
黑龙江	4.3	7.04	12.61	7.6	39.62	97.88	-0.1421	20.63	23.62	142.51	0.446
内蒙古	2.75	1.43	14.78	8.29	29.31	97.08	-0.1761	13.56	15.27	128.96	0.344
山东	10.54	14.07	19.82	11.45	36.47	98.51	0.0653	18.7	22.38	310.04	0.312
安徽	4.05	5.3	16.64	9.53	35.06	97.12	-0.003	26.52	29.19	156.16	0.337

	R_{11}	R_{12}	R_{13}	R_{14}	R_{21}	R_{22}	R_{23}	R_{24}	R_{25}	R_{31}	R_{32}
浙江	14.28	34.71	42.8	24.79	37.5	97.4	0.0743	56.35	60.61	570.64	0.841
福建	12.91	26.14	57.59	32.05	36.62	97.34	0.0311	35.39	37.73	312.03	1.274
湖南	2.14	2.52	12.85	7.27	37.62	98.6	-0.0274	13.96	12.59	130.87	0.309
江西	4.24	5.78	28.93	18.08	32.45	98.81	-0.0071	10.14	13.1	96.43	0.227
贵州	1.45	2.08	5.47	3.28	31.88	94.8	-0.1941	14.7	21.11	39.95	0.169
云南	3.44	4.39	15.46	9.03	33.24	95.86	-0.216	33.99	42	284.49	1.14
宁夏	2.04	3.29	11.21	6.11	25.07	93.95	-0.4492	23.96	27.61	1.45	0.019
青海	1.86	1.4	15.74	9.21	27.79	96.02	-0.3081	13.09	17.04	3.61	0.086
广西	4.55	6.48	21.03	11.58	35.97	95.09	-0.3063	18.25	18.87	209.85	0.497
西藏	0.36	5.1	8.64	4.89	35.48	97.21	-0.5583	5.66	7.52	17.49	1.07
新疆	4.23	15.34	6.7	4.35	27.53	95.57	-0.126	42.12	58.73	35.49	0.192
海南	12.96	4.75	327.66	58.87	32.49	99.57	-0.0415	27.87	31.28	55.15	1.003
北京	82.13	21.17	52.63	30.87	43.69	98.78	0.0118	171.71	185.62	412.51	2.151
上海	54.2	56.54	122.99	72.53	34.38	98.99	0.0373	123.31	134.06	533.39	1.892
天津	27.07	23.84	77.95	43.75	32.32	98.18	-0.1078	106.01	114.32	141.02	0.943
重庆	3.15	3.93	25.54	14.93	37.96	98.3	-0.0724	39.23	43.86	104.81	0.494

附表4:2010年全国创新资本指标数据

	I_{11}	I_{12}	I_{13}	I_{14}	I_{21}	I_{22}	I_{23}	I_{24}	I_{31}	I_{32}	I_{25}
全国	1004	3357.92	240.61	1	0.832	1.72	2.31	2.54	37.22	25.74	15.63
甘肃	876.58	2832.09	70.14	0.31	1.052	0.42	0.41	0.18	20.49	14.19	1.77
辽宁	1109.59	4359.81	353.09	1.36	0.787	1.65	2.92	1.4	45.27	32.85	7.74
江苏	1289.87	5820.2	585.06	1.98	0.314	4.11	4.68	13.78	66.24	41.88	34.56
湖北	790.14	2936.79	184.91	0.74	0.594	1.06	1.85	1.85	32.19	23.08	6.53
四川	803.71	2824.93	89.55	0.67	0.386	0.76	1.46	1.81	27.07	17.31	9.92

续表

	I_{11}	I_{12}	I_{13}	I_{14}	I_{21}	I_{22}	I_{23}	I_{24}	I_{31}	I_{32}	I_{25}
陕西	1009.06	4247.65	148.8	0.95	0.854	1.55	1.54	1.04	39.16	25.27	7.96
广东	1209.96	2896.53	518.86	1.98	0.433	3.35	4.05	5.64	54.73	39.99	42.42
河北	793.94	3343.17	124.64	0.53	0.1	0.4	0.92	0.29	20.27	13.99	3.23
山西	971.13	3430.75	167.18	0.53	0.22	0.71	0.81	0.47	38.98	24.77	2.55
河南	691.63	1949	128.78	0.6	0.135	0.52	1.04	0.5	21.77	13.71	4.15
吉林	990.74	4708.85	111.78	0.37	0.271	0.79	1.06	0.31	35.55	25.99	5.85
黑龙江	885.14	4916.89	153.27	0.91	0.569	0.88	1.14	0.33	30.27	21.64	3.32
内蒙古	1084	5278.61	147.55	0.28	0.152	0.3	0.52	0.21	19.82	14.08	1.93
山东	818.26	3221.62	434.17	1.66	0.212	1.48	3.39	2.19	38.38	27.22	11.58
安徽	715.01	2480.81	127.53	0.58	0.354	0.73	1.15	0.79	24.3	16.15	3.38
浙江	1539.16	5611.99	416.7	1.87	0.246	3.02	7.79	10.13	79.75	49.48	11.75
福建	1074.87	4023.47	237.45	0.95	0.19	1.06	2.16	1.62	36.01	25.45	16.19
湖南	790.83	2791.13	128.85	0.58	0.337	0.69	1.1	0.7	23.04	15.66	4
江西	752.04	2141.81	116.45	0.49	0.128	0.34	0.55	0.29	17.44	11.64	7.65
贵州	713.31	2302.56	46.78	0.29	0.046	0.35	0.44	0.19	10.37	6.56	5.62
云南	748.84	2773.42	28.71	0.16	0.166	0.36	0.4	0.26	13.96	9.39	2.01
宁夏	1123.82	3029.88	111.82	0.92	0.066	0.29	0.45	1.3	23.67	16.63	1.85
青海	1091.04	4126.95	71.45	0.22	0.786	0.31	0.26	0.32	19.56	14.35	1.39
广西	715.86	2672.8	54.6	0.45	0.023	0.26	0.43	0.19	13.9	9.86	3.13
西藏	1703.69	6302.33	6.68	0.03	0	0.24	0.25	0.18	12.07	8.28	1.36
新疆	1158.91	4420.89	60.12	0.32	0.028	0.31	0.86	0.16	15.84	10.24	0.47
海南	1075.12	3891.9	16.63	0.19	0.034	0.53	0.42	0.26	12.15	7.64	2.9
北京	2672.46	11662.02	488.61	2.5	10.172	16.71	8.79	3.13	239.15	191.17	24.3
上海	2510.69	14792.68	1077.85	3.35	2.894	11.46	10.23	10.71	116.71	87.4	39.22
天津	1677.99	9131.43	877.2	4.41	1.402	5.18	6.73	4.06	100.96	68.31	25.84
重庆	931.3	2963.17	182.55	1.09	0.587	1.34	1.92	1.45	30.78	22.07	4.33

附表 5：2001—2010 年甘肃省人力资本指标数据

	I_{11}	I_{12}	I_{13}	I_{14}	I_{21}	I_{22}	I_{23}	I_{24}	I_{31}	I_{32}	I_{33}	I_{34}
2010	250.23	7.34	57.75	17.5	757.93	6.2	6.23	7.38	501.32	2.92	3.42	6.71
2009	207.75	7.21	48.78	17.64	584.83	5.97	6.2	6.85	460.86	2.92	3.33	6.68
2008	141.39	7.1	42.79	16.05	408.34	5.65	6.22	6.11	279.12	2.69	3.27	6.65
2007	110.84	6.81	36.37	15.24	336.12	5.5	6.16	5.53	259.8	2.54	3.28	6.62
2006	84.75	6.9	30.3	14.52	183.17	5.48	6.15	5.03	224.22	2.45	3.2	6.57
2005	72.79	7.29	26.28	13.45	151.44	7.43	6.15	6.33	178.78	2.36	3.13	6.52
2004	65.21	7.08	22.29	12.34	142.39	5.41	6.23	5.61	188.89	2.35	3.17	6.46
2003	61.88	6.81	19.95	12.6	72.44	5.4	6.21	4.79	168.96	2.35	3.13	6.45
2002	52.09	6.56	16.36	12.1	39.14	5.56	6.32	4	145.74	2.34	3.11	6.43
2001	42.5	6	13.43	11.64	53.07	5.62	6.73	3.82	119.06	2.32	3.1	6.41

附表 6：2001—2010 年甘肃省关系资本指标数据

	2010	2009	2008	2007	2006	2005	2004	2003	2002	2001
R_{11}	6.2478	9.6868	9.8615	7.7265	6.3480	3.7192	2.6614	2.2075	2.2261	1.2156
R_{12}	1.4699	3.4555	4.2646	5.0366	4.4959	4.8329	5.1886	3.6891	3.5044	3.2632
R_{13}	0.2674	0.2769	0.3033	0.0985	0.0842	0.1716	0.2299	0.3513	0.5473	0.4903
R_{14}	4.5129	3.9842	4.2495	5.2079	8.1948	9.4307	8.5904	9.5409	11.847	14.2904
R_{21}	34.922	32.323	31.596	32.033	32.9932	33.2038	35.4747	36.8093	36.7682	36.0548
R_{22}	97.54	95.5	97.57	97.78	97.83	97.75	97.76	97.25	96.99	96.56
R_{23}	18.8840	11.6066	8.65058	8.83702	10.3729	10.4472	9.75901	10.1418	8.88327	3.44483
R_{24}	39.8794	45.1115	47.9219	46.4518	43.5749	45.556	44.5845	30.9261	29.9012	17.8187
R_{25}	45.2346	45.3445	48.0406	43.0728	46.2652	45.3795	37.6215	33.6582	32.4523	19.5292
R_{31}	60711	83196	331238	30325	288484	236708	101501	236812	222619	213104
R_{32}	0.02505	0.03458	0.18046	0.20999	0.24216	0.21239	0.12522	0.36501	0.32970	0.42961

附表 7:2001—2010 年甘肃省结构资本指标数据

	2010	2009	2008	2007	2006	2005	2004	2003	2002	2001
S_{11}	14.7	14.6	14.33	14.67	15.93	16.99	17.00	17.49	18.48	18.44
S_{12}	45.1	46.4	47.31	45.81	43.36	42.24	40.86	40.72	40.7	40.05
S_{13}	36.00	37.50	39.34	38.12	35.46	33.99	32.02	31.60	31.59	31.11
S_{21}	17.829	14.871	14.492	12.952	13.163	12.784	12.657	12.202	11.031	10.293
S_{22}	36.7899	30.5805	24.9757	23.2107	22.2003	21.1396	21.4311	22.2405	20.9229	17.8776
S_{23}	39.76	41.54	42.89	42.15	34.96	31.55	31.45	27.48	27.44	26.36
S_{31}	18.9701	17.5037	7.80808	7.31549	6.86219	6.30789	5.76336	5.68931	5.40571	5.04792
S_{32}	9.67168	8.65350	11.2738	10.5562	9.96125	9.46099	9.18637	9.08014	9.01185	8.88661
S_{33}	101.3	108.2	105.5	101.3	101.7	102.3	101.1	100	104	99.5
S_{34}	1373.08	1064.67	837.854	642.570	523.905	412.214	292.201	232.856	182.080	164.653
S_{35}	3908.61	3356.77	2971.54	2445.659	2179.343	1612.965	1611.392	752.1465	525.7762	312.880
S_{36}	62.54	54.01	48.6	44.24	36.86	31.9	26.22	20.41	15.33	9.57
S_{41}	45097.3	41116.8	46215.1	41451.9	33503.8	34441.7	42338.8	39871.4	94715.7	33503.3
S_{42}	45636.6	52990.1	54990.5	53410	59200	42026.8	42007.2	33180.9	33902.2	29987.6
S_{43}	126889.9	114968.4	114299.8	114726.4	119829.9	93947.2	108056.6	83598.7	76090	46782

附表 8:2000—2010 年甘肃省创新资本指标数据

	2010	2009	2008	2007	2006	2005	2004	2003	2002	2001	2000
I_{11}	783.01	696.048	473.681	374.522	260.064	204.904	182.726	162.887	139.715	107.748	92.8191
I_{12}	4436.6	3609.19	2374.44	1782.18	1391.77	1172.34	1046.47	989.113	847.679	699.284	647.421
I_{13}	266.21	153.607	120.130	111.155	86.7265	60.4479	53.1240	43.6245	34.0939	32.2657	29.6942
I_{14}	0.3251	0.29983	0.28580	0.27012	0.24437	0.23522	0.21011	0.21445	0.21784	0.21666	0.17816
I_{21}	1.0517	0.93961	0.96933	0.94203	0.89316	0.70837	0.55421	0.44352	0.24347	0.25074	0.26978

	2010	2009	2008	2007	2006	2005	2004	2003	2002	2001	2000
I_{22}	0.4223	0.36223	0.22925	0.21103	0.27444	0.15503	0.13405	0.08755	0.09940	0.08643	0.05624
I_{23}	0.4123	0.36908	0.29841	0.25438	0.30450	0.21040	0.20627	0.17010	0.15027	0.16113	0.15260
I_{24}	0.1809	0.09740	0.08673	0.09477	0.09906	0.04887	0.03879	0.04358	0.03533	0.06453	0.02635
I_{31}	20.491	21.3841	20.1363	21.7937	19.4267	22.1095	22.9704	26.8072	27.3760	27.7681	24.7779
I_{32}	14.190	14.9536	13.6025	14.9640	13.1824	15.3124	16.4404	18.7072	16.8139	17.2084	14.5521

后　记

　　本书是在我的博士学位论文的基础上完成的,经过反复修改、补充和完善,吸收了国内外相关领域研究者的精辟见解。确立对智力资本进行研究主要是源于自己的学术兴趣和体验,当代经济社会的发展越来越多地依赖知识、智力要素,认识和阐释智力资本对经济发展的影响作用具有重要的理论价值和现实意义。因此,终促成我从理论上研究探讨的强烈渴望,虽然这块研究领域已经充满了繁花硕果,但我还是付出了自己的努力和执着。

　　在本书选题和写作过程中,我的导师高新才教授从研究选题、思路指导、内容确定,直至全书撰写和修改等方面给予了高屋建瓴的指导,本书凝结了导师的心血和智慧,导师的教诲常常令我茅塞顿开,受益匪浅。但是由于我个人的水平和学力有限,远未达到导师的要求及希望。惟有希望在今后的研究工作中以自己的努力和成果来加以弥补,回报导师的教诲和师恩。导师是一位良师益友,他的大家气度、深邃思维和不凡的人格给我留下了深刻的印象,并将使我受益终身。

　　感谢我的同学曹子坚、刘维营、任晓东、仵雁鹏、畅向丽、王娟娟、张婷婷、李阳、韩妍、童长凤,感谢同门樊胜岳、郭爱君、汪晓文、高宏霞、岳立、魏丽莉,感谢陈志莉、张和平、谢林会老师。

后 记

感谢曾在我读博经历中难以忘怀的所有的人、所有的事、所有的感动、所有的关怀以及所有的鞭策。

王晓鸿

2012 年 12 月 于兰州大学

策划编辑:张文勇　高　寅
责任编辑:张　燕
责任校对:史　伟

图书在版编目(CIP)数据

区域智力资本对经济发展的影响研究:基于甘肃省的实证分析/
　王晓鸿 著. −北京:人民出版社,2015.1
(区域经济学博士文库)
ISBN 978−7−01−013565−6

Ⅰ.①区…　Ⅱ.①王…　Ⅲ.①知识经济−影响−区域−经济发展−
　研究−甘肃省　Ⅳ.①F127.42

中国版本图书馆 CIP 数据核字(2014)第 106478 号

区域智力资本对经济发展的影响研究
QUYU ZHILI ZIBEN DUI JINGJI FAZHAN DE YINGXIANG YANJIU
——基于甘肃省的实证分析

王晓鸿　著

人 み 出 版 社 出版发行
(100706　北京市东城区隆福寺街 99 号)

北京龙之冉印务有限公司印刷　新华书店经销
2015 年 1 月第 1 版　2015 年 1 月北京第 1 次印刷
开本:880 毫米×1230 毫米 1/32　印张:7
字数:170 千字

ISBN 978−7−01−013565−6　定价:22.00 元

邮购地址 100706　北京市东城区隆福寺街 99 号
人民东方图书销售中心　电话 (010)65250042　65289539